最速で覚える

The Simplest and Fastest Way to
Memorize the Essential Terms of
the World History

世界史用語

アレセイア湘南高校
市川賢司

Gakken

本書の特長

◎ 本書のねらい

　本書では、膨大な世界史の内容を、**より短い時間で直感的につかみやすくする**ことをねらいのひとつとしています。各単元を1見開きずつにまとめ、パッと俯瞰できるような構成にしました。

　毎回左ページでは、**各単元のできごとをストーリーとして読みながら、穴埋め形式で用語を暗記していく**ことができます。そのため、学習が追いついていない単元や、内容がうろ覚えの単元があったとしても、教科書を読み直すよりも効率的に要点を復習することができ、遅れを挽回しながら得点力を上げるのに役立ちます。

　また、入試の新傾向として、**歴史を俯瞰したときに見えてくる時代性**や、**時代をまたいだ内容**がより重視されるようになってきています。本書では、各単元を俯瞰できるとともに、**いち早く全単元を終わらせ、全体像を理解できるようにする**ことをふたつめのねらいとしています。

　共通テストや難関私大・国公立大で問われる重要な用語を網羅しつつも、核となる部分を中心にコンパクトなページ数にまとめているので、**1冊全体を何周もくりかえし復習する**ことにも向いています。

　「**急いで遅れを取り戻したい**」、「**効率よく定期テスト対策・入試対策をしたい**」という人は、ぜひ本書を活用して、**最短時間で最大限の得点力アップ**をめざしていきましょう。

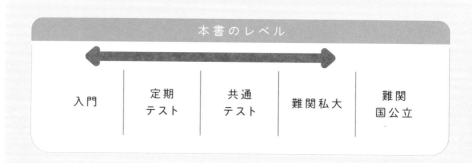

		本書のレベル		
入門	定期テスト	共通テスト	難関私大	難関国公立

使い方

LEFT

左ページでは、できごとの流れを5分でチェック！ 時系列や因果関係を確認しながら、穴埋め形式で用語を暗記できる。穴埋めの答えは、すぐ横の「重要語句」コーナー。時間のないときは、「重要語句」の列だけさっと目を通してもOK。

RIGHT

右ページは、流れのまとめ図や、関連する地図や写真など、ビジュアル的に整理をして覚えるページ。左ページに出てきた内容を、よりクリアに定着させていこう。

各章の終わりにはメモページつき。授業や他の参考書で覚えたことでメモをしておきたいことは、ここにまとめておこう。また、メモページの下半分はフリーの単語帳形式になっているので、覚えづらい用語や、追加したい用語があれば、どんどん書きこんで、自分だけの暗記帳を完成させよう。

先史〜古代文明の時代

🕐 5分で流れをチェック

☑️ 重要語句

● [01] 歩行をすることと，[02] を製作することが人類の特徴である。最初の化石人類が**猿人**で，南・東アフリカ各地で発見された [03] が代表である。⋯⋯⋯⋯⋯⋯⋯⋯⋯⋯

● 約240万〜10万年前に生存した化石人類が**原人**である。東アフリカで発見された [04] やジャワ島中部のトリニールで発見された [05] 原人，北京郊外の**周口店**から発見された [06] 原人などが代表である。意思疎通の手段として [07] を使用したとされる。また [06] 原人については [08] の使用が確認されている。⋯⋯⋯⋯⋯⋯⋯⋯⋯⋯⋯⋯⋯⋯⋯

● 約60万〜3万年前に生存した化石人類が**旧人**である。ヨーロッパから西アジアにかけて化石が分布しているのが [09] 人で毛皮から [10] を作り，死者を [11] した遺跡が発見されている。⋯⋯⋯⋯⋯⋯⋯⋯⋯⋯⋯⋯⋯⋯⋯⋯

● 約20万年前にアフリカに出現したのが**新人**である。南西フランスで発見された [12] 人が代表である。彼らはスペイン北部の [13] や南西フランスの [14] などに洞穴絵画を残した。また石で [15] を作ったが多産や豊作を祈った呪術的なものと考えられる。⋯⋯⋯⋯⋯⋯⋯⋯⋯⋯⋯⋯⋯⋯

● 約250万年前から約1万3000年前に [16] 石器や骨角器を使用していた時代のことを [17] 時代と呼び，食料獲得方法として [18] が行われていた。猿人が用いた最も原始的な [16] 石器である [19] 石器や，原人の用いた石塊を利用した [20] などがある。⋯⋯⋯⋯⋯⋯⋯⋯⋯⋯

● [21] 時代は表面を磨いた [22] 石器が使用された時代であり，食料獲得方法として [23] が行われていた。最も古い初期農耕集落遺跡としてヨルダン川西岸の [24] やイラク東北部のザグロス山麓の [25] などがある。土器の製作も始まったが，当時は素焼の土器に顔料で文様をつけた [26] 土器が使用されていた。⋯⋯⋯⋯⋯⋯⋯⋯⋯⋯

	猿人	原人	旧人	新人	
人類の進化	○ サヘラントロプス ○ ラミダス猿人 ○［アウストラロピテクス］	○ ホモ＝ハビリス ○［ジャワ原人］ ○［北京原人］	○［ネアンデルタール人］	○［クロマニョン人］	
時代	［旧石器］時代 ── ［打製石器］や骨角器を使用			［中石器］時代	［新石器］時代
経済	［獲得］経済 ［狩猟・採集］				［生産］経済 ［農耕・牧畜］
文化・道具	○［礫］石器	○［ハンドアックス］（握斧） ○［言語］の使用 ○［火］の使用	○ 剝片石器の発達 ○ 毛皮から衣服 ○ 死者の［埋葬］	○ 石器の精巧化 ○［洞穴絵画］ ○ 女性裸像	○［細］石器 ○［磨製］石器 ○ 彩文土器

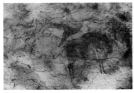

◀ スペイン北部の洞穴絵画
［アルタミラ］

◀ 南西フランスの洞穴絵画
［ラスコー］

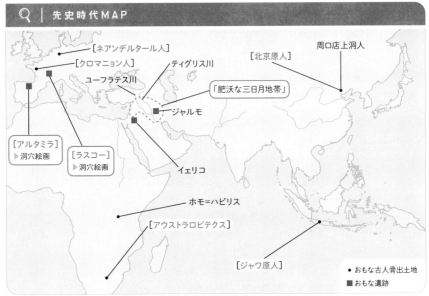

［ネアンデルタール人］

［クロマニョン人］

ティグリス川

ユーフラテス川

［肥沃な三日月地帯］

［北京原人］

周口店上洞人

ジャルモ

［アルタミラ］
▶ 洞穴絵画

［ラスコー］
▶ 洞穴絵画

イェリコ

ホモ＝ハビリス

［アウストラロピテクス］

［ジャワ原人］

● おもな古人骨出土地
■ おもな遺跡

02 古代オリエント1

🕐 | **5分で流れをチェック**　　　　　☑ | **重要語句**

🔘 オリエントはラテン語で「[01]」つまり東方を意味し，メソポタミアとエジプトおよびその周辺地域を示す。……………

🔘 メソポタミアとは「[02]」という意味で，ティグリス川とユーフラテス川の流域地方のことである。前3000年頃，メソポタミア南部で [03] 人が [04]・**ウルク・ラガシュ**などの都市国家を築いた。続いてセム語系の [05] 人が初めてメソポタミアを統一した。……………

🔘 前2000年頃，セム語系の [06] 人が [07] を都にして [07] 第1王朝（**古バビロニア王国**）を建国した。第6代の王 [08] は全メソポタミアを統一し，**「目には目を，歯には歯を」**という [09] 法の原則で知られる [08] 法典を制定した。この王朝はインド＝ヨーロッパ語系で初めて本格的に [10] 器を使用した [11] によって滅ぼされた。その後，北メソポタミアは [12] が，南部のバビロニアは [13] が支配した。……

🔘 エジプトはナイル川流域で展開した文明であった。**古王国**は首都が [14] に置かれ，[15] と呼ばれた王の墓として [16] が盛んに建設された。[17] を首都にした**中王国**滅亡後にエジプトはアジア系民族である [18] の支配を受けた。[18] を追放して成立したのが**新王国**である。第18王朝の王 [19] は**アマルナ改革**と呼ばれる一連の改革を行い，[17] の守護神**アモン**を奉じる神官団をおさえるために唯一神 [20] への信仰を強制し，首都を [21] に遷した。………

🔘 地中海東岸では古代からセム語系の民族が活躍していた。**ダマスクス**を中心に内陸交易で活躍していたのが [22] 人であった。一方，海上交易で活躍したのが [23] 人で，**シドン**や [24] などの海港都市国家を建設した。地中海東岸南部地域は**パレスチナ**と呼ばれ，その地に定住したのが [25] 人であった。彼らが建国した**イスラエル王国**は [26] を都にした第2代 [27] 王，第3代 [28] 王の時に栄えたが，[28] 王の死後，王国は南北に分裂した。国名を継承した北のイスラエル王国は前722年に [29] に征服され，南の [30] 王国は前586年に**新バビロニア**によって滅ぼされた。…

01 日が昇るところ
02 川の間の土地
03 シュメール
04 ウル
05 アッカド
06 アムル
07 バビロン
08 ハンムラビ
09 復讐
10 鉄
11 ヒッタイト
12 ミタンニ
13 カッシート
14 メンフィス
15 ファラオ
16 ピラミッド
17 テーベ
18 ヒクソス
19 アメンホテプ4世（イクナートン）
20 アトン
21 テル＝エル＝アマルナ
22 アラム
23 フェニキア
24 ティルス
25 ヘブライ
26 イェルサレム
27 ダヴィデ
28 ソロモン
29 アッシリア
30 ユダ

古代オリエント世界のまとめ

エジプト	アナトリア高原	メソポタミア	
○ 初期王朝時代 ↓		○ [シュメール人] の都市国家 ↓	
○ [古王国] ファラオ(王)の墓である [ピラミッド] の建設。 ↓	[鉄製武器を使用。] ○ [ヒッタイト]	○ [アッカド人] がメソポタミアを統一 ↓	
○ [中王国] アジア系民族 [ヒクソス] の支配。 ↓		○ [バビロン第1王朝 (古バビロニア王国)] 第6代ハンムラビ王のハンムラビ法典	
○ [新王国] [アメンホテブ4世] による [アマルナ改革]。		○ ヒッタイトにより滅亡	
		ミタンニ	カッシート
		○ 北メソポタミア	○ 南部バビロニア

地中海東岸

○ [ヘブライ人] パレスチナに [イスラエル王国] を建国。	○ [アラム人] [ダマスクス] を中心に, 内陸交易で活躍。	○ [フェニキア人] [シドン][ティルス]・ビブロスなどの 海港都市国家で, 海上交易中心。

古代オリエント世界MAP

ダヴィデ王, ソロモン王時代のイスラエル王国 (前922頃分裂)

地中海東岸MAP

11

5分で流れをチェック

◎ ティグリス川中流域に建国した［01］は前7世紀に初めてオリエントの統一に成功し，［02］王は最大版図を達成し，首都の［03］に図書館を建設した。［01］の滅亡後，小アジアに［04］，イランに［05］，メソポタミアに［06］，及びエジプトの4王国が分立した。［04］は世界最古の［07］を発行し，［06］は**ユダ王国**を滅ぼし，住民をバビロンに連行する［08］を行った。…………………………

◎ インド＝ヨーロッパ語系のイラン人の［09］は**アケメネス朝**を建国し，［04］・［05］・［06］を滅ぼした。第2代カンビュセス2世はエジプトも征服し，オリエントを統一した。第3代の［10］は最大領土を築き，帝国を20州に分け，各州に［11］と呼ばれる知事を配置し，「［12］」や，その補佐をする「［13］」と呼ばれる監察官で［11］を監視した。また，都の［14］から小アジアの［15］まで「［16］」と呼ばれる公道を建設し，王都［17］の建設を始めた。…………………

◎ イスラーム教以前にイランにあった宗教が［18］で火を重視するので**拝火教**とも呼ばれる。世界を善神［19］と悪神［20］との戦いの場であるとする善悪二元論や最後の審判を特徴とする。………………………………

◎ アケメネス朝は［21］大王の東方遠征で滅び，その後，西アジア一帯は**セレウコス朝シリア**が支配した。前3世紀にそこからイラン系の［22］によって**パルティア**が建国した。**ミトラダテス1世**の時代に強国となり，ティグリス川中流東岸に首都［23］を建設した。…………………………

◎ 224年，［24］が建国した**ササン朝**は**パルティア**を滅ぼした。第2代の［25］は西方では軍人皇帝時代のローマの皇帝［26］を捕虜とし，東方では**クシャーナ朝**を破り，領土を拡大した。全盛時代の王［27］は**東ローマ帝国**の［28］大帝と激しく戦い，**突厥**<ruby>突厥<rt>とっけつ</rt></ruby>と同盟して［29］を滅ぼした。ササン朝はアラビア半島から進出してきた正統カリフ時代のイスラーム軍との［30］の戦いに敗れてまもなく滅亡した。…………

重要語句

［アッシリア］
- ○ 首都…［ニネヴェ］
- ○［オリエント統一］を初めて成功

> アッシュル＝バニパル王のとき最大版図。

［リディア］
- ○ 小アジア支配
- ○ 世界最古の［金属貨幣］

［メディア］
- ○ イラン支配

［新バビロニア］
- ○ メソポタミア支配
- ○［バビロン捕囚］

エジプト

［アケメネス朝］
- ○ 最大領土…第3代［ダレイオス1世］
- ○ サトラップ（知事）配置
- ○ 監察官（「王の目」・「王の耳」）配置
- ○「王の道」建設
- ○ 王都…［ペルセポリス］
- ○ 宗教…［ゾロアスター］教

［アレクサンドロス大王］の東方遠征

↓

［ササン朝］
- ○ 首都…［クテシフォン］
- ○ 全盛時代…ホスロー1世

> イスラーム勢力にニハーヴァンドの戦いで敗北し，ササン朝滅亡。

［パルティア］
- ○ 首都…［クテシフォン］
- ○ 全盛時代…ミトラダテス1世

［セレウコス朝シリア］
- ○ 西アジア一帯を支配

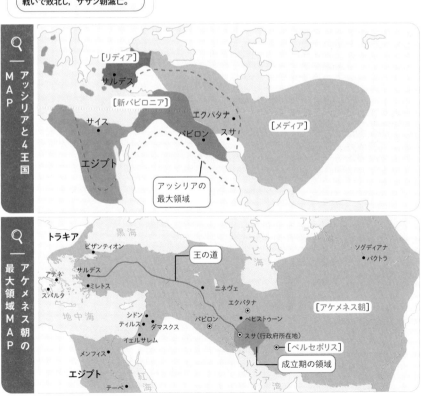

MAP アッシリアと4王国

［リディア］
サルデス
［新バビロニア］
サイス
エクバタナ
バビロン　スサ
［メディア］
エジプト
アッシリアの最大領域

アケメネス朝の最大領域MAP

トラキア
黒海
ビザンティオン
王の道
ソグディアナ
バクトラ
アテネ
サルデス
ニネヴェ
スパルタ
ミレトス
エクバタナ
カスピ海
［アケメネス朝］
地中海
シドン
ティルス
ダマスクス
イェルサレム
バビロン　ベヒストゥーン
スサ（行政府所在地）
メンフィス
［ペルセポリス］
成立期の領域
エジプト
紅海
テーベ
ペルシア湾

5分で流れをチェック

前3000年頃～前1200年頃にかけてエーゲ海に展開した文明が**エーゲ文明**である。前半が**クレタ文明**で、クレタ島の[01]宮殿はイギリス人の[02]が発掘した。後半がギリシア本土の[03]文明で同名の遺跡や小アジアの[04]遺跡などはドイツ人の[05]が発掘した。……………

エーゲ文明の滅亡後、ギリシアは[06]時代という400年間の混乱した時代が続いた。その後、前8世紀には[07]（**シノイキスモス**）によって[08]と呼ばれる都市国家が誕生した。中心部には[09]と呼ばれる城山と[10]と呼ばれる広場が配置されていた。古代ギリシア人は自分たちのことを[11]と呼び、異民族のことを[12]と呼んで区別した。……

アテネでは前7世紀後半に[13]が慣習法の成文化を行い、前594年に執政官の[14]は**債務奴隷**の禁止や[15]政治などの国政改革を断行した。その後、平民の支持で[16]が[17]となり[17]政治が行われた。前6世紀末頃のアテネの政治家[18]は[19]（**オストラキスモス**）を実施し、[17]の出現を防止しようとした。………………

アケメネス朝に対して[20]を中心とするイオニア諸都市が反乱を起こしたことが原因で[21]戦争が勃発した。前490年の[22]の戦いでアテネの重装歩兵がペルシア軍を撃破し、前480年の[23]の海戦では[24]率いるギリシアの連合艦隊がペルシア艦隊を撃破した。前479年の[25]の戦いでもギリシア連合軍が勝利し、ギリシア側の勝利が確定した。前478年頃、ペルシアの再侵攻にそなえてアテネを盟主に[26]同盟が結成された。アテネでは政治家[27]が指導者となり[28]を最高議決機関とする古代民主政が完成した。………………

前5世紀後半、アテネを中心とする[26]同盟とスパルタを中心とする[29]同盟とが対立し、[29]戦争が発生した。アテネでは**扇動政治家**である[30]によって**衆愚政治**に陥り、スパルタに敗北した。………………

［エーゲ文明］

○ （前半）［クレタ文明］…クレタ島の［クノッソス宮殿］── **イギリス人エヴァンズ発掘**

○ （後半）［ミケーネ文明］…ギリシア本土の［ミケーネ遺跡］・ティリンス遺跡

ドイツ人シュリーマン発掘

暗黒時代

○ 鉄器時代始まる

［ポリス］（都市国家）の成立

○ ［集住（シノイキスモス）］

**共通の民族感情…
自分たちのことを「ヘレネス」，
異民族のことを「バルバロイ」**

［アテネ］（代表的なポリス）の民主政への歩み

○ ［重装歩兵］を担っている平民が参政権を求め，貴族と対立

○ ［ドラコンの立法］…慣習法の成文化

○ ［ソロンの改革］…債務奴隷の禁止，財産政治

○ ［ペイシストラトスの僭主政治］…民衆の支持で独裁政治

○ ［クレイステネスの改革］…陶片追放（オストラキスモス）

▲ アテネの［アクロポリス］の写真

［ペルシア］戦争

○ 3回，ギリシア側勝利

アテネの繁栄

○ ［デロス同盟］…ペルシアの
再侵攻に備える

○ ［民会］を最高議決機関とす
る古代民主政治の完成

指導者は［ペリクレス］

［ペロポネソス］戦争

デロス同盟（アテネ中心）

VS

ペロポネソス同盟 ── **勝利**
（スパルタ中心）

🔍 | ペルシア戦争MAP

トラキア

ビザンティオン

マケドニア

エーゲ海

トロイア（イリオン）

前480
テルモピレー
の戦い

前479
プラタイアの戦い

［アケメネス朝］

デルフォイ

前490
マラトンの戦い

リディア

サルデス

オリンピア

テーベ

［アテネ］

王の道

コリント

デロス島

サルデス

ペロポネソス

前480
サラミスの海戦

イオニア植民市
の反乱地域
（前500～前493）

［スパルタ］

ミロ島
（メロス）

ロードス島
リンドス

反ペルシア同盟
ペルシア帝国領
中立地帯

15

5分で流れをチェック

◎ 前338年，マケドニア王 [01] は [02] の戦いでアテネ・テーベ連合軍を撃破し，翌年，スパルタを除く全ギリシア諸ポリスと [03] 同盟を結成し，ギリシアを支配したが暗殺された。子の [04] 大王は東方遠征を行い，前333年の [05] の戦い，前331年の [06] の戦いでアケメネス朝最後の王 [07] を破り，その結果，アケメネス朝は滅亡した。……………

◎ [04] 大王はギリシア・エジプトからインダス川にいたる大帝国を建設し，各地に [08] 市を建設した。大王の急死後，後継者である [09] の戦争が起こり，その結果，ギリシア，マケドニアに [10] 朝マケドニア，西アジアに [11] 朝シリア，エジプトに [12] 朝エジプトが分立した。最終的にこれら諸王朝はローマによって征服されたが，東方遠征の開始から [12] 朝の滅亡までの約300年間を [13] 時代と呼ぶ。………

◎ ギリシア神話の神々は [14] 山に住むとされる [14] 12神で，**ゼウス**が主神であった。ギリシア文学では叙事詩として [15] の『**イリアス**』・『**オデュッセイア**』，[16] の『**労働と日々**』などの作品があり，叙情詩では女性詩人として [17] が代表である。喜劇作家としては [18] などが代表である。ギリシアの哲学は**イオニア自然哲学**から始まり，**万物の根源**は何かを追求し，[19] を祖とした。アテネで活躍した弁論術の教師が [20] で [21] が代表である。[20] を批判した [22] は客観的真理の存在を主張し，弟子の [23] は**イデア論**を唱え，その弟子の [24] は「**万学の祖**」と称された。医学者では「**西洋医学の祖**」と称された [25]，歴史家では**ペルシア戦争**を記した [26] や**ペロポネソス戦争**を記した [27] などが代表である。………………

◎ ヘレニズム文化は世界市民主義（**コスモポリタニズム**）と**個人主義**を特色とする。哲学では**ゼノン**が創始した**禁欲主義**の [28] 派や精神的な**快楽主義**の [29] 派などがあった。自然科学の中心として，エジプトの [08] に建設された王立研究所として [30] があった。………………

01 フィリッポス2世
02 カイロネイア
03 コリントス（ヘラス）
04 アレクサンドロス
05 イッソス
06 アルベラ
07 ダレイオス3世
08 アレクサンドリア
09 ディアドコイ
10 アンティゴノス
11 セレウコス
12 プトレマイオス
13 ヘレニズム
14 オリンポス
15 ホメロス
16 ヘシオドス
17 サッフォー
18 アリストファネス
19 タレス
20 ソフィスト
21 プロタゴラス
22 ソクラテス
23 プラトン
24 アリストテレス
25 ヒッポクラテス
26 ヘロドトス
27 トゥキディデス
28 ストア
29 エピクロス
30 ムセイオン

マケドニアの台頭	アレクサンドロス大王の東方遠征	［ディアドコイ］戦争	ヘレニズム3国
○ フィリッポス2世…［カイロネイア］の戦いで全ギリシアを制覇。	○ イッソスの戦い ↓ ○ アルベラの戦い ↓ ○ アケメネス朝滅亡		○［アンティゴノス朝マケドニア］…ギリシア，マケドニアを支配 ○［セレウコス朝シリア］…西アジア一帯を支配 ○［プトレマイオス朝エジプト］…エジプトを支配

アレクサンドロス大王とヘレニズム世界MAP

［アンティゴノス朝マケドニア］

前333年，イッソスの戦い

前331年，アルベラの戦い

［アレクサンドリア］市を建設。

アンティオキア

セレウキア

［セレウコス朝シリア］

アレクサンドロス大王の帝国の領域

［プトレマイオス朝エジプト］

📙 | ギリシア文化

宗教		○多神教…ゼウスを主神とする［オリンポス12神］
文学	叙事詩	○［ホメロス］…『イリアス』『オデュッセイア』　○［ヘシオドス］…『労働と日々』
	叙情詩	○［サッフォー］（女性詩人）
	悲劇	○三人悲劇詩人…［アイスキュロス］，［ソフォクレス］，［エウリピデス］
	喜劇	○［アリストファネス］…『女の平和』『女の議会』
哲学	イオニア自然哲学	○タレス…万物の根源は［水］
	ソフィスト	○［プロタゴラス］が代表
	ギリシア哲学の完成	○［ソクラテス］…客観的真理の存在を主張。「無知の知」 ○［プラトン］…イデア論　○［アリストテレス］…「万学の祖」
医学		○［ヒッポクラテス］…「西洋医学の祖」
歴史		○［ヘロドトス］…『歴史』ペルシア戦争を主題 ○［トゥキディデス］…『歴史』ペロポネソス戦争を主題

📙 | ヘレニズム文化

特色	○［世界市民主義（コスモポリタニズム）］と個人主義
哲学	○［ストア派］…ゼノンが創始（禁欲主義） ○［エピクロス派］…エピクロスが創始（精神的快楽主義）
自然科学	○［ムセイオン］…エジプトの［アレクサンドリア］に建設された王立研究所

◉ ローマは前6世紀末に [01] 人の王を追放して共和政となり，貴族（**パトリキ**）が最高公職者である [02] や最高決定機関である [03] の議員などを独占した。平民（**プレブス**）の政治的発言権が強くなったため，前494年に [04] が設置され，前5世紀半ばには慣習法の成文化として [05] が制定された。前367年には [02] の1名は平民から選出するという [06] 法が，前287年には**平民会の決議が** [03] の承認がなくても国法となることを定めた [07] 法が成立した。

⋯⋯⋯⋯⋯⋯⋯⋯⋯⋯⋯⋯⋯⋯⋯⋯⋯⋯⋯⋯⋯

◉ ローマはイタリア半島統一後，**フェニキア人**の植民市 [08] と3回にわたって [09] 戦争を戦った。ローマは [08] の将軍 [10] によって苦しめられたが最終的に勝利し，地中海西部をほぼ統一した。イタリア半島以外に属州が広がり，大土地所有制である [11] が発達した。[04] となった [12] 兄弟は改革を試みるが失敗に終わった。前60～前53年，[13]・[14]・**クラッスス**によって**第1回三頭政治**が行われた。[13] は [14] を倒して終身 [15] となって独裁権を握ったが暗殺された。その後，[16]・[17]・**レピドゥス**によって**第2回三頭政治**が行われた。[16] が [17] とプトレマイオス朝最後の女王 [18] との連合軍を [19] の海戦で破った。

⋯⋯⋯⋯⋯⋯⋯⋯⋯⋯⋯⋯⋯⋯⋯⋯⋯⋯⋯⋯⋯

◉ <u>[16] は [03] から [20] の称号を与えられたが，自らは [21] と称した。事実上の帝政の開始である。</u>五賢帝第2代の [22] の時にローマの領土は最大となり，第5代の [23] は「**哲人皇帝**」と呼ばれた。3世紀初めの [24] 帝は帝国内の全自由民にローマ市民権を与えた。3世紀には各地の軍団が皇帝を擁立して争う [25] 時代という混乱期があった。[11] は [26] を労働力とする**コロナトゥス**へと移行した。⋯

◉ 3世紀後半，[27] 帝は後期帝政（専制君主政）を始めて混乱を収拾した。その後，[28] 帝は帝国を再統一し，首都を [29] に遷した。最後のローマ皇帝が [30] 帝で，彼の死後，帝国は東西に分裂した。⋯⋯⋯⋯⋯⋯⋯

01 エトルリア
02 コンスル
03 元老院
04 護民官
05 十二表法
06 リキニウス・セクスティウス
07 ホルテンシウス
08 カルタゴ
09 ポエニ
10 ハンニバル
11 ラティフンディア
12 グラックス
13 カエサル
14 ポンペイウス
15 独裁官（ディクタトル）
16 オクタウィアヌス
17 アントニウス
18 クレオパトラ
19 アクティウム
20 アウグストゥス
21 プリンケプス
22 トラヤヌス
23 マルクス=アウレリウス=アントニヌス
24 カラカラ
25 軍人皇帝
26 コロヌス
27 ディオクレティアヌス
28 コンスタンティヌス
29 コンスタンティノープル
30 テオドシウス

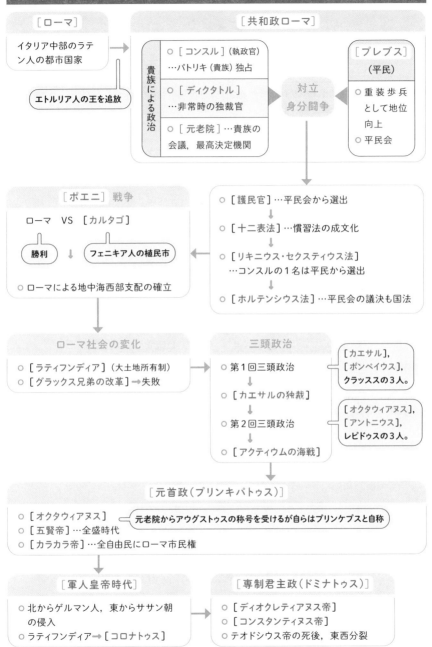

[ローマ]

イタリア中部のラテン人の都市国家

エトルリア人の王を追放

[共和政ローマ]

貴族による政治

○[コンスル](執政官)…パトリキ(貴族)独占

○[ディクタトル]…非常時の独裁官

○[元老院]…貴族の会議,最高決定機関

対立
身分闘争

[プレブス](平民)

○重装歩兵として地位向上
○平民会

[ポエニ]戦争

ローマ VS [カルタゴ]

勝利 ↓ フェニキア人の植民市

○ローマによる地中海西部支配の確立

○[護民官]…平民会から選出
↓
○[十二表法]…慣習法の成文化
↓
○[リキニウス・セクスティウス法]
…コンスルの1名は平民から選出
↓
○[ホルテンシウス法]…平民会の議決も国法

ローマ社会の変化

○[ラティフンディア](大土地所有制)
○[グラックス兄弟の改革]→失敗

三頭政治

○第1回三頭政治
↓
○[カエサルの独裁]
↓
○第2回三頭政治
↓
○[アクティウムの海戦]

[カエサル],[ポンペイウス],クラッススの3人。

[オクタウィアヌス],[アントニウス],レピドゥスの3人。

[元首政(プリンキパトゥス)]

○[オクタウィアヌス] 元老院からアウグストゥスの称号を受けるが自らはプリンケプスと自称
○[五賢帝]…全盛時代
○[カラカラ帝]…全自由民にローマ市民権

[軍人皇帝時代]

○北からゲルマン人,東からササン朝の侵入
○ラティフンディア→[コロナトゥス]

[専制君主政(ドミナトゥス)]

○[ディオクレティアヌス帝]
○[コンスタンティヌス帝]
○テオドシウス帝の死後,東西分裂

07 ローマ文化

⏱ 5分で流れをチェック	☑ 重要語句

◉ ユダヤ人の［01］は神の絶対愛と隣人愛を説き，**ユダヤ教**の形式主義的な［02］派を批判してキリスト教を創始した。そのため［01］は**イェルサレム**で逮捕され，ローマの属州総督［03］により**十字架刑**に処せられた。…………

◉ ［01］の直弟子である［04］の筆頭が［05］で［06］帝の迫害で殉教した。［02］派のユダヤ教徒から回心してキリスト教徒となり伝道に尽力したのが［07］であった。…………

◉ ローマ帝国で行われていた［08］の礼拝にキリスト教徒が参加しなかったため，キリスト教徒は皇帝からの迫害を受けた。最初に迫害を行ったのは［06］帝で，最大迫害を行ったのが［09］帝であった。そのためキリスト教徒は［10］と呼ばれた地下墓所を礼拝所にしていた。…………

◉ **コンスタンティヌス帝**は313年の［11］勅令で**キリスト教を公認**し，325年の［12］公会議で［13］派を正統とし，［14］派を異端として教義を統一した。最後の皇帝である［15］帝はキリスト教を国教とし，ローマ帝国はキリスト教帝国になった。その後，431年の**エフェソス公会議**では［16］派が，451年の**カルケドン公会議**では［17］が異端となった。［17］の立場に立つキリスト教会でエジプトのアレクサンドリアを拠点として分離したのが［18］教会である。…………

◉ ローマの公用語は［19］語であった。［19］文学の作品としては［20］の『**アエネイス**』や政治家・散文家［21］の『**国家論**』などがある。哲学は**ストア派**が盛んであった。［06］帝の師でストア派哲学者の［22］の『**幸福論**』や五賢帝最後の皇帝［23］の『**自省録**』などがある。当時のゲルマン人に関する記録としては［24］の『**ガリア戦記**』や［25］の『**ゲルマニア**』などがある。ローマの歴史家［26］の『**ローマ史**』やギリシア人の伝記作家［27］の『**対比列伝**』などが歴史書の代表である。地理や自然科学の分野では［28］の『**地理誌**』，［29］の『**博物誌**』，地球中心の天動説を主張した［30］の『**天文学大全**』などがある。…………

01 イエス
02 パリサイ
03 ピラト
04 使徒
05 ペテロ
06 ネロ
07 パウロ
08 皇帝崇拝
09 ディオクレティアヌス
10 カタコンベ
11 ミラノ
12 ニケーア
13 アタナシウス
14 アリウス
15 テオドシウス
16 ネストリウス
17 単性論
18 コプト
19 ラテン
20 ウェルギリウス
21 キケロ
22 セネカ
23 マルクス＝アウレリウス＝アントニヌス
24 カエサル
25 タキトゥス
26 リウィウス
27 プルタルコス
28 ストラボン
29 プリニウス
30 プトレマイオス

キリスト教の成立まとめ

成立

- [ユダヤ教]─ 選民思想
  ↓
- [イエス]─ 選民思想否定
  ↓
- キリスト教創始

伝道

- [ペテロ], [パウロ] がローマ帝国内にキリスト教を広める
- 『新約聖書』2世紀

公認と国教化

- 公認…[ミラノ勅令]
  　　　[コンスタンティヌス帝]
- 国教化…[テオドシウス帝]

迫害

- [ネロ帝]…最初の迫害を行う
- [ディオクレティアヌス帝]…最大迫害

迫害を逃れて礼拝…カタコンベ

公会議

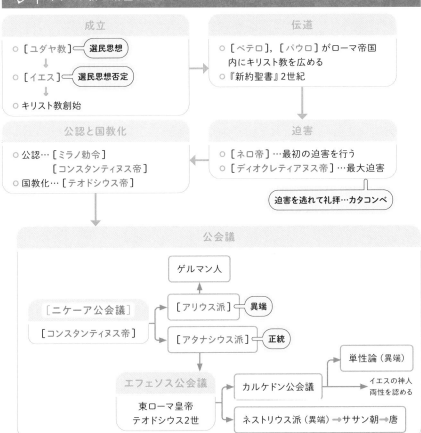

ゲルマン人

[ニケーア公会議]
[コンスタンティヌス帝]

[アリウス派]─ 異端

[アタナシウス派]─ 正統

エフェソス公会議
東ローマ皇帝
テオドシウス2世

カルケドン公会議 → 単性論（異端）
　　　　　　　　→ イエスの神人両性を認める

ネストリウス派（異端）→ ササン朝 → 唐

ローマ文化

公用語	○ ラテン語
文学	○ ラテン文学…[ウェルギリウス]『アエネイス』
哲学・思想	○ [ストア派] が盛ん…セネカ『幸福論』 ○ キケロ『国家論』 ○ [マルクス＝アウレリウス＝アントニヌス帝]『自省録』
歴史	○ 当時のゲルマン人に関する重要資料…[カエサル]『ガリア戦記』 　　　　　　　　　　　　　　　　　[タキトゥス]『ゲルマニア』 ○ リウィウス『ローマ史』 ○ [プルタルコス]『対比列伝』
地理	○ [ストラボン]『地理誌』
自然科学	○ [プリニウス]『博物誌』 ○ [プトレマイオス]『天文学大全』…地球中心の天動説

◎ **インダス文明**は，**インダス川**下流域の [01] や中流域の [02] などの遺跡に代表される。…………………………

◎ 前1500年頃，インド＝ヨーロッパ語系の [03] 人が**カイバル峠**を越えて [04] 地方に侵入した。彼らはあらゆる自然現象に神が宿ると考え，それらを [05] と呼ばれる賛歌集にまとめた。その最古のものが『[06]』であるが [05] は [07] 教の根本聖典でもあった。前1000年頃から [03] 人は [08] 川に移動を開始し，先住民を征服したことから司祭である [07]，戦士・貴族である [09]，庶民である [10]，隷属民である [11] の4つの身分からなる [12] が形成された。職業と結びついたインドの社会階層で「生まれ」を意味する語が [13] で4つの [12] に [13] を結びつけて成立したインド独特の社会制度のことを [14] 制度と呼ぶ。……

◎ 前6世紀，**ガンジス川**中流域に [15] 国や**コーサラ国**が誕生した。前5世紀，[15] 国がコーサラ国を滅ぼしてガンジス川中流域を統一した。都市国家の誕生と経済の発展によって [09] 階級が台頭し，自分たちの宗教として新宗教が展開した。その結果，[16] が**仏教**を，[17] が**ジャイナ教**を創始した。[07] 教でも内部の反省から [18] 哲学が誕生した。宇宙の根本原理である [19] と人間など個体の根本原理の [20] は本来一つのものであるとする概念などはインド思想全般に大きな影響を与えた。…………………………

◎ [21] が [15] 国の**ナンダ朝**を滅ぼしてインド最初の統一王朝である [22] 朝を建国した。首都はガンジス河畔にある [23] であった。第3代の [24] 王は南部を除くインドの統一に成功し最大領土を築いた。彼は仏教に帰依し，第3回 [25] を行ない，王子マヒンダを [26] に派遣して仏教を布教した。また倫理・法などの規範である [27] による統治を理想とし，各地に磨崖碑や [28] 碑を建てた。**サーンチー**には代表的な [29] があるが，これはもとは [16] の遺骨をおさめるための建造物であった。…………………………

🖊️ インド文明まとめ①

インダス文明
- ○ [モエンジョ=ダーロ] 遺跡
- ○ ハラッパー遺跡
- ○ インダス文字…未解読
- ○ 印章…動物の図柄とインダス文字

アーリヤ人の侵入
- ○ [アーリヤ] 人 ➡ パンジャーブ地方へ
- ○ ヴェーダ… [バラモン] 教の根本聖典

最古のヴェーダが『リグ=ヴェーダ』

クシャトリヤ階級の台頭
- ○ ガンジス川中流域に [マガダ] 国とコーサラ国誕生
  ↓
- ○ [マガダ] 国がコーサラ国を滅ぼしガンジス川中流域を統一
- ○ クシャトリヤ階級の台頭 ➡ 新宗教の成立

アーリヤ人の社会
- ○ アーリヤ人 ➡ [ガンジス川] へ
- ○ [ヴァルナ] …4つの身分

①バラモン ②クシャトリヤ ③ヴァイシャ ④シュードラ

- ○ [ヴァルナ] + [ジャーティ] = [カースト] 制度
- ○ [バラモン] 教

新宗教の成立
- ○ クシャトリヤ階級の宗教として新宗教成立
- ○ 仏教…開祖: [ガウタマ=シッダールタ（ブッダ）]
- ○ ジャイナ教…開祖: [ヴァルダマーナ（マハーヴィーラ）]
- ○ バラモン教の改革…ウパニシャッド哲学

マウリヤ朝
- ○ インド最初の統一王朝
- ○ 建国者… [チャンドラグプタ]
- ○ 首都… [パータリプトラ]
- ○ 第3代… [アショーカ王] …全盛時代
  南部を除くインドの統一に成功
  仏教による政治

①第3回仏典結集　②磨崖碑・石柱碑
③マヒンダ王子をスリランカに派遣

🔍 マウリヤ朝の最大領域MAP

🔍 サーンチーのストゥーパ

5分で流れをチェック

◎ 1〜3世紀，[01]系クシャーン人が中央アジアから西北インドに建てた王朝が[02]朝である。全盛時代の王が[03]王で，[04]を首都と定め，仏教を保護し，第4回[05]を行った。彼の時代に[06]美術が発達し，ヘレニズムの技術との融合した仏像が作られた。……………………………

◎ 前1〜後3世紀，**デカン高原**を中心とした[07]系アーンドラ族の王朝が[08]朝である。東南アジアや西方との交易で繁栄し，[09]の金貨が多く出土する。また[10]によって**大乗仏教**が理論化された。……………………………

◎ 320年頃〜550年頃，北インドの統一王朝が[11]朝である。建国者は[12]で首都はマウリヤ朝と同じ[13]であった。第3代の王[14]の時代が全盛期で北インドを統一した。この時代に東晋時代の中国の僧[15]が陸路でインドに赴き，経典を持って海路で帰国した。[11]朝は[16]の侵入で弱体化した。……………………………

◎ [11]朝ではインド古典文化が栄えた。[17]語が公用語で[17]文学も最盛期であった。[18]が戯曲『**シャクンターラー**』を著し，二大叙事詩『**マハーバーラタ**』と『[19]』が完成したのもこの時代である。**バラモン教**に先住民の土着信仰が吸収・融合されて成立したインドの民族宗教が[20]教である。[20]教の三大神のうち，破壊神・創造神が[21]神で世界維持の神が[22]神である。数学上の大発見が[23]の概念で，アラビアに伝わり，イスラーム圏であったスペインからヨーロッパに広まった。仏教も盛んで，仏教の研究機関として[24]僧院が建てられた。代表的な仏教石窟寺院としてインド西部の[25]があり，焼損した**法隆寺金堂の壁画**にもその影響が見られる。……………………………

◎ 古代北インド最後の統一王朝が[26]王が建てた[27]朝である。中国の唐の僧[28]は，仏典を求めて往復陸路でインドに赴き，[26]王の厚遇を受け，[24]僧院で学んだ。……………………………

◎ 前3〜後13世紀，南インドのドラヴィダ系[29]人の土朝が[30]朝である。……………………………

〈西北インド〉　　　　　　　　〈デカン高原〉　　　　　〈南インド〉

[クシャーナ朝]

○ [カニシカ王]…全盛期
○ 首都…[プルシャプラ]
○ [仏教保護]
○ 第4回仏典結集
○ 大乗仏教+ガンダーラ美術

[サータヴァーハナ朝]

○ デカン高原を支配
○ [ローマ]と交易

チョーラ朝

○ 南インドのドラヴィダ系タミル人の王朝

[グプタ朝]

○ 建国者…チャンドラグプタ1世
○ 首都…[パータリプトラ]
○ 第3代　チャンドラグプタ2世が全盛期

(グプタ朝文化)
○ 公用語…サンスクリット語
○ [サンスクリット文学]
○ [ヒンドゥー教]
○ 仏教研究機関
　…[ナーランダー僧院]
○ 仏教石窟寺院
　…[アジャンター]

[ヴァルダナ朝]

○ 建国者…[ハルシャ王]
○ 首都…[カナウジ]
○ [仏教保護]

5分で流れをチェック

🔘 ベトナムの初期金属文化のことを [01] 文化と呼び，青銅製の祭器である銅鼓を特徴とする。1世紀頃，**メコン川下流域**にあったのが [02] でその港である [03] からは**ローマ金貨**などが出土している。2世紀末〜17世紀，ベトナム中部のチャム人の王国が [04] で中継貿易で栄えた。6〜15世紀，メコン川流域に**クメール人**が建てた国の中国名が [05] で [06] 朝の時代が全盛期であった。その王都遺跡が [07] で寺院遺跡が [08] であった。………………………

🔘 ビルマ人が建てたビルマ最初の統一王朝が [09] 朝で，7〜11世紀，**チャオプラヤ川**下流域に成立した**モン人**の国が [10] で，ともに上座部仏教が信仰された。13〜15世紀，タイ北部にタイ人が建てた王朝が [11] 朝で，11世紀初めに成立したベトナム北部初の長期王朝が**李朝**であった。7〜14世紀，スマトラ島南部に [12] を首都に成立したのが [13] 王国で，8世紀後半に中部ジャワで有力となった大乗仏教王国が [14] 朝であった。[14] 朝が建立した大乗仏教の石造遺跡が [15] である。………………………

🔘 アメリカ大陸の先住民族のことを [16] と呼び，[17] などを栽培する農耕文明が栄えた。メキシコ高原から中央アメリカにかけて成立したのが [18] 文明であった。最古の古代文明がメキシコ湾岸に成立した [19] 文明であった。**ユカタン半島**を中心とした文明が [20] 文明であり，各地に都市が成立して栄えた。前1〜後6世紀に**メキシコ高原**に成立した文明が [21] 文明で高さ64mの**太陽のピラミッド**が有名である。10〜12世紀，メキシコ高原に成立した文明が [22] 文明で**トゥーラ**を中心に栄えた。14〜16世紀，[23] を首都にしてメキシコ中央高原に栄えた王国が [24] 王国で1521年，スペイン人 [25] に征服された。………………………

🔘 **アンデス文明**最古の古代文明が [26] 文化であった。15〜16世紀，[27] を首都にアンデス地帯で繁栄した帝国が [28] 帝国であった。[28] 帝国は文字をもたなかったが [29] と呼ばれる縄の色や結び方で統計や数字を記録する伝達手段を持っていた。[28] 帝国は1533年，スペイン人 [30] に滅ぼされた。………………………

重要語句

01 ドンソン
02 扶南
03 オケオ
04 チャンパー
05 真臘
06 アンコール
07 アンコール=トム
08 アンコール=ワット
09 パガン
10 ドヴァーラヴァティー
11 スコータイ
12 パレンバン
13 シュリーヴィジャヤ
14 シャイレンドラ
15 ボロブドゥール
16 インディオ
17 トウモロコシ
18 メソアメリカ
19 オルメカ
20 マヤ
21 テオティワカン
22 トルテカ
23 テノチティトラン
24 アステカ
25 コルテス
26 チャビン
27 クスコ
28 インカ
29 キープ
30 ピサロ

東南アジアの文明まとめ

	大陸部					諸島部	
	ビルマ	タイ	カンボジア	ベトナム中部	ベトナム北部	スマトラ島	ジャワ島
A.D. 1C			○ 扶南	○ [チャンパー]	○ ドンソン文化 (B.C.3C)		
7C		○ ドヴァーラヴァ ティー王国	○ 真臘			○ [シュリーヴィ ジャヤ王国]	○ [シャイレ ンドラ朝]
13C	○ [パガン朝]	○ [スコータイ朝]	○ [アンコール朝]		○ [李朝]		

▲アンコール=ワット

▲ボロブドゥール

古代アメリカの文明まとめ

	[メソアメリカ] 文明			[アンデス] 文明			
	メキシコ 中央高原	メキシコ 湾岸	ユカタン 半島	ペルー 北海岸	ペルー 中央高地	ペルー 南海岸	ボリビア
B.C. 1000							
500		オルメカ 文明		チャビン文化			
A.D. 1			[マヤ文明]				
500	テオティ ワカン文明			モチカ文化		ナスカ文化	ティワナク 文化
1000	トルテカ文明				ワリ文化		
1500	[アステカ王国]			チムー帝国	[インカ帝国]		

27

🕐 | **5分で流れをチェック**　　　　　　　　☑ | 重要語句

◎ 中国最初の文明が**黄河文明**で前半を [01] 文化，後半を [02] 文化という。土器として [01] 文化は赤・白・黒などの顔料で文様をつけた [03] を，[02] 文化は**ろくろ**を使用した薄手の [04] を特徴とする。…………………………

◎ 現在確認できる中国最古の王朝が**殷**で，[05] と呼ばれる都市国家の連合体として成立した。殷の都が [06] で遺跡の名前が [07] である。殷では神権政治が行われ，占いの結果を亀甲や獣骨に [08] 文字で刻んで記録した。………

◎ 殷を倒して華北を支配した王朝が**周**である。前半が [09] を都にした**西周**で，政治体制として [10] 制度を採用し，一族・功臣・土着の首長らに [11] と呼ばれる領地を与え，世襲の [12] とした。……………………………………

◎ 周は中国西方の遊牧民である**犬戎**に [09] を攻略され，前770年，[13] に遷都してからは**東周**と呼ばれた。前770～前403年が [14] 時代で，[15] と呼ばれる有力 [12] が覇権を争った。代表的な [15] が5人いるとされ，[16] と呼ばれる。前403～前221年が [17] 時代で有力 [12] は公然と王を名乗り，下剋上の時代となった。その結果，中国は7カ国が有力となったがそれを [18] と呼ぶ。…………

◎ [17] 時代は各国が富国強兵に努め，農業では牛耕と [19] が普及し，生産力が向上した。**青銅貨幣**も発行され，主に，**燕・斉**で使用された [20]，**韓・魏・趙**で使用された農具を模した [21]，**斉・秦・魏**で使用された中央に孔の開いた [22]，**楚**で使用された楕円形の [23] などがあった。…

◎ [14] 時代，[17] 時代の諸学派を総称して**諸子百家**と呼ぶ。[24] を祖とするのが**儒家**で「仁」の大切さをとなえた。**老子**と**荘子**を祖とする**道家**は [25] を主張した。その他には**墨子**を祖とする [26]，**商鞅**や**韓非**による [27]，詭弁に陥った学派である [28]，**孫子**や**呉子**に代表される [29]，**蘇秦**の**合従策**，**張儀**の**連衡策**で有名な [30] などがあった。………

黄河文明

- （前半）[仰韶文化]
- （後半）[竜山文化]

［殷］

- 中国最古の王朝
- 首都…［商（遺跡の名前が殷墟）］
- 神権政治
- ［甲骨文字］

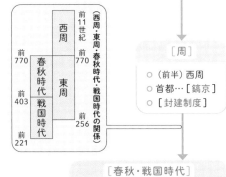

（西周・東周・春秋時代・戦国時代の関係）

		前11世紀	
	西周	前770	
前770		前770	
	春秋時代		東周
前403			
	戦国時代	前256	
前221			

［周］

- （前半）西周
- 首都…［鎬京］
- ［封建制度］

🏳 | 諸子百家

思想	思想家
［儒家］	［孔子］［孟子］
［道家］	［老子］［荘子］
［墨家］	［墨子］
［法家］	［商鞅］［韓非］
名家	公孫竜
兵家	孫子・呉子
縦横家	蘇秦・張儀

［春秋・戦国時代］

- （後半）東周
- 首都…［洛邑］
- 春秋時代…春秋の五覇
- 戦国時代…戦国の七雄

鉄製農具・青銅貨幣

🔍 | 周の時代の領域MAP

- ［殷墟］▶殷の首都遺跡
- 当時の黄河
- 現在の黄河
- 犬戎（けんじゅう）
- 渭水
- ［鎬京］▶周の首都
- ［周］
- ［洛邑］▶東周の首都
- 氐（てい）
- ---- 当時の海岸線

🔍 | 戦国時代の中国MAP

赤字は戦国の七雄

- 匈奴（きょうど）
- 中山
- 月氏（げっし）
- 黄河
- ［燕］
- ［趙］
- ［斉］
- ［魏］
- 衛
- 羌（きょう）
- 魯
- ［秦］
- 周
- ［韓］
- 宋
- 黄海
- ［楚］
- 東シナ海

刀銭　　円銭　　布銭　　蟻鼻銭

◀ 青銅貨幣

⏱ 5分で流れをチェック　☑ 重要語句

◎ 前221年，秦王の［01］は中国を統一し，初めて皇帝の称号を用いて自ら［02］を名のった。彼は首都［03］から官吏を地方に派遣する［04］を全国で施行した。また貨幣を［05］で統一したことをはじめ，文字・度量衡も統一した。彼は**法家思想**に基づいて政治を行い，また，儒学者たちを［06］によって弾圧したとされる。［02］の死後，中国史上最初の農民反乱である［07］を機に秦は滅亡した。…………

◎ 前202年，［08］が**項羽**を**垓下の戦い**で破り，［09］を首都にして前漢を建国した。［08］は［04］と**封建制**を併用する［10］を全国で実施した。前154年に起きた諸侯の反乱である［11］を鎮圧したのち，第7代皇帝の［12］の時代に前漢は全盛期となった。［12］は**衛氏朝鮮**を滅ぼし，［13］郡以下4郡を設置し，**南越**を滅ぼし，［14］郡以下9郡を設置し，**匈奴**を挟撃するために［15］を**大月氏**に派遣した。また［12］は銅銭である［16］を鋳造し，儒学者の［17］の献言によって**儒学を官学化**し，官吏登用制度として［18］を制定した。しかし，前漢は財政難となったため，財政再建策として［19］法や**平準法**，［20］・**鉄・酒の専売**などを行った。……………

◎ 後8年，前漢末の外戚［21］は帝位を奪い，**新**を建国した。彼は周を理想とする復古主義を強行したため社会が混乱し，農民反乱である［22］によって新は15年で滅亡した。……………

◎ 豪族出身の**劉秀**は後25年，皇帝［23］となって，［24］を都にして**後漢**を建国した。後漢は再び西域経営を積極的に進め，**西域都護**となった［25］は西域50余国を服属させ，部下の［26］を**大秦国（ローマ帝国）**に派遣した。2世紀になると後漢は政治が混乱し，166年と169年には**宦官**が官僚を弾圧するという［27］が発生している。184年，**太平道**の創始者［28］の指導で農民反乱である［29］が発生し，220年，後漢最後の皇帝献帝が魏王［30］に禅譲することで後漢は滅亡した。……………

重要語句

01 政
02 始皇帝
03 咸陽
04 郡県制
05 半両銭
06 焚書・坑儒
07 陳勝・呉広の乱
08 劉邦
09 長安
10 郡国制
11 呉楚七国の乱
12 武帝
13 楽浪
14 南海
15 張騫
16 五銖銭
17 董仲舒
18 郷挙里選
19 均輸
20 塩
21 王莽
22 赤眉の乱
23 光武帝
24 洛陽
25 班超
26 甘英
27 党錮の禁
28 張角
29 黄巾の乱
30 曹丕

［秦］

○ 首都…［咸陽］
○ 秦王政が中国を統一➡［始皇帝］
○ 地方の統治➡［郡県制］
○ 法家思想による政治➡［焚書・坑儒］
○ ［陳勝・呉広の乱］➡滅亡

［前漢］

○ 首都…［長安］
○ ［劉邦］が項羽を破って建国
○ 統治策➡［郡国制］
○ 呉楚七国の乱（諸侯の反乱）を
　政府が平定➡第7代［武帝］

［新］

○ 首都…長安
○ ［王莽］一代
○ ［赤眉の乱］（農民反乱）➡滅亡

前漢第7代［武帝］

○ 全盛時代
○ 衛氏朝鮮とベトナム北部の南越を滅ぼす
○ ［張騫］を［大月氏］へ派遣
○ ［儒学の官学化］➡［郷挙里選］（官吏登用制度）
○ 財政再建➡均輸法・平準法

［後漢］

○ 首都…［洛陽］
○ 建国者…［劉秀］（光武帝）
○ ［西域都護の班超］➡部下の甘英を大秦国へ
○ 宦官の専横➡党錮の禁
○ ［黄巾の乱］（農民反乱）➡献帝が魏王曹丕に帝位を譲り，滅亡

🔍 │ 前漢の領域MAP

MY MEMO

KEYWORD
自分がまちがえやすい用語をメモしておこう！

CHAPTER 02

東アジア世界の形成と発展

◎ **曹操**の子 [01] が後漢の皇帝から帝位を譲りうけて華北に**魏**を建国すると [02] が江南に**呉**を，[03] が四川に**蜀**を建国し，中国は**三国時代**となった。その後，魏は蜀を滅ぼすが，魏は [04] に帝位を奪われて**西晋**となった。西晋は280年に呉を滅ぼして中国を統一した。…………………

◎ 西晋では一族諸王の内乱である [05] が発生し，それがきっかけで**匈奴・鮮卑・氐・羌・羯**の [06] と総称される諸民族が中国に侵入し，西晋は匈奴によって滅ぼされた。その後，華北は [07] 時代となった。一方，江南では**司馬睿**が [08] を建国した後，**宋・斉・梁・陳**の4王朝が [09] を都にして続き，この4王朝は**南朝**と総称される。…………………

◎ 華北では [10] 族の**拓跋氏**が**北魏**を建国し，第3代の [11] が華北を統一した。第6代の [12] は都を平城から [13] に遷都し，服飾や言語などで [14] 政策を進めた。北魏はその後東西に分裂し，東魏は北斉に，西魏は北周に代わり，北周が北斉を滅ぼした。その後，北周の外戚 [15] が**隋**を建国し，南朝の陳を滅ぼし，中国を統一した。………

◎ 魏で始まり，西晋・南北朝時代に施行された官吏登用法が [16] で，魏の曹操が実施した官有地の集団耕作が [17] であった。北魏の [12] が中国史上で初めて実施し，隋・唐へと受け継がれていった土地制度が [18] で，西魏に始まり，北周をへて隋で整備された兵制が [19] であった。

…………………

◎ 魏晋南北朝時代に江南で展開した優雅な貴族文化を [20] 文化という。東晋では『**帰去来辞**』の作者で田園詩人の [21] や**「画聖」**と呼ばれ，**「女史箴図」**の作者とされる [22]，**「書聖」**と呼ばれ，『**蘭亭序**』の作者 [23] が活躍した。梁では**昭明太子**が『[24]』を編纂した。この時代に流行した老荘思想を中心とした哲学論のことを [25] といい**竹林の七賢**が活躍した。西域僧の [26] や**鳩摩羅什**が中国にやって来て，東晋の僧 [27] はインドへ留学した。平城近郊の [28] や洛陽近郊の [29] や**敦煌**には石窟寺院が造られた。北魏の [30] は道教を大成した。…………………

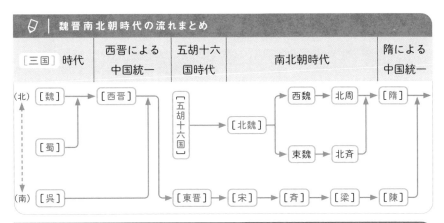

🔖 | 魏晋南北朝時代の流れまとめ

[三国] 時代	西晋による 中国統一	五胡十六 国時代	南北朝時代	隋による 中国統一

(北) [魏] → [西晋] → [五胡十六国] → [北魏] → 西魏 → 北周 → [隋] →
[蜀]
(北魏) → 東魏 → 北斉

(南) [呉] → [東晋] → [宋] → [斉] → [梁] → [陳]

🔍 | 魏晋南北朝の文化

六　　朝	○ 江南の六王朝（呉・東晋・宋・斉・梁・陳）のこと
六朝文化	○ 江南で展開した優雅な貴族文化
思　　想	○ [清談]…老荘思想を中心とした哲学論。「竹林の七賢」と呼ばれた人々に代表される
文　　学	○ [陶潜（陶淵明）]『[帰去来辞]』…東晋の田園詩人 ○ [昭明太子]『[文選]』…南朝梁の武帝の皇太子
書　　画	○ [顧愷之]『[女史箴図]』…東晋の画家。「画聖」 ○ [王羲之]『[蘭亭序]』…東晋の書家。「書聖」
仏　　教	○ 西域僧の仏図澄（ブドチンガ，310年洛陽），鳩摩羅什（クマーラジーヴァ，401年長安）が， それぞれ中国にやってくる ○ 5世紀，東晋の僧[法顕]がチャンドラグプタ2世時代のインドへ留学。 旅行記『[仏国記]』 ○ 仏教の石窟寺院3つ…[雲崗]・[敦煌]・[竜門]
道　　教	○ 北魏の寇謙之が道教を大成する。寇謙之は北魏の太武帝に重用され，442年，道教 の国教化や廃仏を推進した

🔍 | 三国時代の中国MAP

🔍 | 南北朝時代の中国MAP

◉ 隋の初代皇帝 [01] は589年に南朝の [02] を滅ぼして中国を統一した。[01] は [03] を都にして，土地制度として [04] を，兵制として [05] を北朝から継承し，官吏登用制度として [06] を新設した。第2代の [07] は華北と江南を結ぶ [08] を完成させたが3度にわたる [09] 遠征に失敗し，反乱が発生して隋は滅亡した。……………………

◉ 618年，[10] は [11] を都にして唐を建国し，第2代の [12] は律令国家体制を整備したため，その治世は「[13]」と呼ばれる。中央官庁として皇帝の詔勅の草案を作成する [14]，皇帝の詔勅を審議する [15]，政務の執行機関として六部を管轄する [16]，監察機関として [17] が置かれた。……………………

◉ 第3代 [18] は唐の最大版図を実現し，辺境の異民族統治のために設けた軍事行政機関として6カ所に [19] を設置した。[18] は晩年，病気になってから皇后の [20] が政治の実権を握った。彼女は690年国号を周と改め，中国史上唯一の女帝となった。彼女の死後の混乱を収めたのが第6代皇帝**玄宗**である。彼の治世の前半は律令体制の立て直しに励み，「[21]」と呼ばれた。……………………

◉ 玄宗は [05] の崩壊後，辺境の募兵集団の指揮官として10の [22] を設置した。751年には中央アジアで**アッバース朝**軍と [23] の戦いが発生して敗北し，唐の勢力は西域から後退することになった。玄宗が晩年，[24] 一族を重用すると政治が乱れ，[25] や**史思明**ら節度使の反乱である [26] が発生した。唐は [27] の支援でようやく反乱を鎮圧したが，[22] は内地にも置かれるようになり，強大化して [28] と呼ばれるようになり自立化していった。……………………

◉ 唐は9世紀後半に塩の密売商人の挙兵から始まった大農民反乱である [29] によって多くの貴族が没落し，907年，[22] の [30] によって滅ぼされた。……………………

📗 | 隋～唐の流れまとめ

［隋］

- 建国者…［楊堅］　　首都…大興城
- 南朝の陳を滅ぼして中国統一
- ［均田制］←北魏
- ［府兵制］←北周←西魏
- ［租調庸制］…税制（新設）
- ［科挙］…官吏登用制（新設）

隋の第2代 ［煬帝］

- ［大運河］…華北と江南を結ぶ
- ［高句麗］遠征（3回）失敗
- 反乱がおこり滅亡

唐の第3代 ［高宗］

- 領土最大
- 辺境の六カ所に［都護府］を設置
- ［則天武后］…高宗の皇后で中国史上唯一の
  女帝

［唐］

- 首都…［長安］
- 建国者…［李淵］
- 第2代［李世民］…［貞観の治］
- 律令国家体制確立

唐の第6代 ［玄宗］…［開元の治］

- 辺境に10の［節度使］
- ［タラス河畔の戦い］でアッバース朝軍に敗北
- 楊貴妃一族が実権➡［安史の乱］

唐の滅亡

- ［黄巣の乱］…大農民反乱

- ［節度使］の［朱全忠］に滅ぼされる

📗 | 唐の支配体制

唐の前半

［均田制］

三点セット

［租調庸制］　　府兵制
　　　　　　　　＝
　　　　　　　［都護府］

均田制崩壊

唐の後半

荘園制

新三点セット

［両税法］　　［募兵制］
　　　　　　　　＝
　　　　　　　［節度使］

🔍 | 唐の最大領域MAP

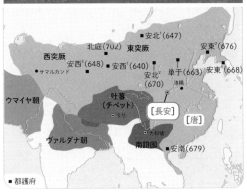

- 都護府

15 唐

◉ 唐の外来宗教としては**ネストリウス派キリスト教**の中国名である [01]，**ゾロアスター教**の中国名である [02]，**ササン朝**で誕生した [03]，イスラーム教の中国名である [04] などがあった。外来の商人としては，インド洋交易の中心で**ダウ船**で中国の港湾都市を訪れた [05] 商人，中央アジアの**ソグディアナ地域**を原住地としたイラン系住民である [06] 商人などがあった。………………………………………………

◉ 唐から往復陸路でインドに赴いた僧が [07] で，帰国後にインド旅行記『[08]』を口述し，弟子が編集した。唐から往復海路インドに赴いた僧が [09] で，帰路の途中で記したのが『[10]』である。………………………………

◉ 唐では**科挙**の中心科目として**儒学**が盛んで，学者の**孔穎達**は「[11]」を編纂し，**五経**の解釈を統一した。唐の詩人では生涯のほとんどを放浪など自由奔放に生き「詩仙」と称された [12]，官職をすてて流浪の生活を送り「詩聖」と称された [13]，玄宗と**楊貴妃**をうたった「長恨歌」の作者 [14] などが有名である。また，唐代の彩色を施した陶器が [15] である。………………………………………

◉ 唐を中心とする [16] 体制を通してできた文化圏が東アジア文化圏である。7世紀に**ソンツェン=ガンポ**がチベットの諸王国を統一して建国したのが [17] で，唐代の雲南地方に存在したチベット=ビルマ系ロロ族の王国が [18] である。…

◉ 朝鮮半島では7世紀後半，**新羅**(しらぎ)が唐と同盟を結んで朝鮮半島西南部の [19] と朝鮮半島北部の [20] を滅ぼして朝鮮半島を統一した。新羅では王族と一般貴族をだけを対象とする特権的身分制度として [21] があり，都の [22] 郊外には仏教寺院として [23] が建立された。**大祚栄**が [20] の遺民と靺鞨人を統合して建てた国が [24] である。首都の [25] は唐の都**長安**をモデルに造営された都城であった。日本は隋に使節として [26] を，唐に使節として [27] を派遣して最新文化を摂取した。645年の [28] で中央集権国家体制の建設が進められ，奈良時代の都として [29] が建設され，唐文化などの影響で [30] 文化が栄えた。…………

唐代の文化

外来宗教	○ [景教] …ネストリウス派キリスト教の中国名。781年, 大秦景教流行中国碑が長安に建立
	○ [祆教] …ゾロアスター教の中国名
	○ [マニ教] …ササン朝で誕生。7世紀末に西域から伝来
	○ [回教] …イスラーム教の中国名。清真教ともいう
外来商人	○ [ムスリム商人] …イスラーム教徒の商人。インド洋交易から中国の港湾都市へ
	○ [ソグド商人] …ゾロアスター教・マニ教を中国に伝える
訪印僧	○ [玄奘] …陸路インドに往復。旅行記『大唐西域記』。ヴァルダナ朝ハルシャ王の厚遇を受け, ナーランダー僧院で学ぶ
	○ [義浄] …海路ヴァルダナ朝滅亡後のインドに往復。旅行記『南海寄帰内法伝』。ナーランダー僧院で学ぶ
儒学	○ 科挙の中心科目。[孔穎達] が『[五経正義]』を編集し, 五経の解釈を統一
詩人	○「詩仙」と称された [李白], 「詩聖」と称された [杜甫], 「長恨歌」の作者 [白居易] など
陶器	○ [唐三彩] …緑・褐色・白などの彩色をほどこした唐代の陶器

東アジア文化圏のまとめ

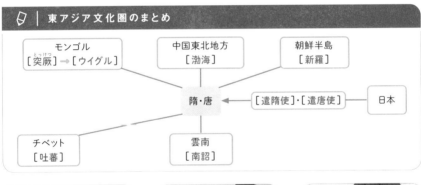

モンゴル
[突厥] → [ウイグル]

中国東北地方
[渤海]

朝鮮半島
[新羅]

隋・唐 ← [遣隋使]・[遣唐使] ← 日本

チベット
[吐蕃]

雲南
[南詔]

▲唐三彩

▲李白

▲杜甫

16 五代～宋

🕐 | 5分で流れをチェック

☑ | 重要語句

◎ 唐を滅亡させた**節度使**の**朱全忠**が [01] を建国したことを
きっかけに華北で5王朝が続いた。この時代を [02] と呼ん
でいる。[02] の最後の後周の節度使であった [03] は960
年，[04] を都に北宋を建国した。彼は節度使の行政権を
取り上げて，**科挙**に合格した文人官僚による北宋の政治を
[05] という。**科挙**も整備されて地方試験である [06]，都
で実施された [07]，皇帝が実施する [08] の3段階制が
確立された。この時代の新興地主層のことを**形勢戸**と呼び，
科挙に合格して官僚を出した家のことを [09] と呼んだ。……

◎ 北宋は軍事力が弱く，北方の**遼**と1004年に [10] を結び，
北宋から遼へ毎年銀・絹を贈った。第6代皇帝 [11] は宰
相として [12] を登用し，[13] と呼ばれる富国強兵政策を
進めた。具体的には貧農への低利貸し付け策である [14]
や中小商人への低利貸し付け策である [15] などを実施し
た。しかし大地主や大商人から支持された保守派官僚の反
対もあり，[12] が宰相を辞職すると旧法党の中心人物の
[16] が宰相となり [13] をことごとく廃止した。………………

◎ モンゴル系**契丹人**が916年にモンゴル東部から中国東北
地方に建てた王朝が [17] で，**チベット系タングート族**がオル
ドス地方を中心に建てた国が [18] である。1125年に [17]
を滅ぼした**ツングース系女真族**の金は [04] を占領し，第8
代皇帝の [19]（当時は上皇）や最後の皇帝である**欽宗**を
連行し，北宋は滅亡した。この事件を [20] という。欽宗
の弟の高宗は江南に逃れて都を [21] として**南宋**を建国した。
南宋は金に対して主戦派の [22] と和平派の [23] が対立
したが，和平派が勝利した結果，南宋は金と屈辱的な和議
を結び，[24] を国境とした。…………………………………

◎ 宋の城壁の外や村落の道路上に散在した小規模な定期市
を [25] と呼び，これが発達して小都市になったのが [26]
であった。そこには商人の同業組合の [27] や手工業者の
組合である [28] が形成された。北宋で発行された世界最
古の紙幣を [29]，南宋で発行された紙幣を [30] という。

01 後梁
02 五代
03 趙匡胤
04 開封
05 文治主義
06 州試
07 省試
08 殿試
09 官戸
10 澶淵の盟
11 神宗
12 王安石
13 新法
14 青苗法
15 市易法
16 司馬光
17 遼
18 西夏
19 徽宗
20 靖康の変
21 臨安
22 岳飛
23 秦檜
24 淮河
25 草市
26 鎮
27 行
28 作
29 交子
30 会子

📖 五代～宋の流れまとめ

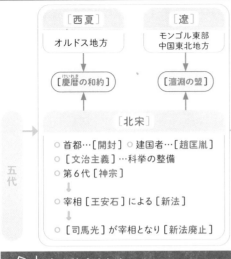

[西夏]
オルドス地方

↓ [慶暦の和約]

[遼]
モンゴル東部
中国東北地方

↓ [澶淵の盟]

五代 →

[北宋]
- 首都…[開封] ○ 建国者…[趙匡胤]
- [文治主義]…科挙の整備
- 第6代[神宗]
- 宰相[王安石]による[新法]
- [司馬光]が宰相となり[新法廃止]

[金]
- 金は北宋と結び遼を滅ぼす

  [西遼](カラキタイ)へ

- 金は[靖康の変]で北宋の都開封を占領。
- 金は華北を支配。
- 北宋は滅亡し、南に逃れて南宋を建国。

[南宋]
- 首都…[臨安]
- 金に対して臣下の礼

（西夏）

📖 宋の社会まとめ

○ [官戸]	科挙に合格して官僚を出した家
○ [草市]	城壁の外や村落の道路上に散在した小規模な定期市
○ [鎮]	商工業活動の活発化でうまれた小都市
○ [行]	商人の同業組合
○ [作]	手工業者の組合
○ [交子]	北宋で発行された世界最古の紙幣
○ [会子]	南宋で発行された紙幣

▲殿試のようす

🔍 11世紀の中国と周辺諸国MAP

カラハン朝
ウイグル
吐蕃
ラサ
大理
都閫
パガン朝
李朝大越国

[遼](契丹・キタイ)
上京臨潢府
中京大定府
東京遼陽府
[燕雲十六州]
[西夏]
西京大同府(雲州)
興慶
南京析津府(燕州。今の北京)
北京大名府
西京河南府(洛陽)
[開封]
南京応天府
開城
[宋(北宋)]

日本
(平安時代)
高麗
平安京

17 内陸アジア世界

⏱ 5分で流れをチェック	☑ 重要語句

◉ 前7～6世紀に黒海北岸の南ロシアの草原地帯に出現した最初の騎馬遊牧民が [01] である。前3世紀末から数百年間, モンゴル高原で活動した騎馬遊牧民が [02] で, 前3世紀末～2世紀の [03] の時代に全盛時代を迎え, [04] を西方に追いやった。同じ頃, 天山山脈北方には [05] がいた。………………………………………………………………………

◉ 前329年, 西方からマケドニアの [06] 大王が中央アジアまで進出し, その後, 前312～前255年頃中央アジアを支配したのが [07] 朝シリアであった。その後, イランで [08] が独立し, 中央アジアのギリシア人は [09] を建国した。……

◉ 91年から [10] の**西域都護**であった [11] が50余国を服属させて中国西域を支配した。2世紀半ばから [02] に代わってモンゴル高原を支配したのが [12] で4世紀後半に拓跋氏が [13] を建国した。5～6世紀にモンゴル高原を支配したのが [14] で, 続いて6～8世紀にモンゴル高原から中央アジアを支配したのがトルコ系の [15] であった。[15] はササン朝と組んで5～6世紀に中央アジアで活躍した [16] を挟撃し滅ぼした。………………………………………………

◉ 751年, 中央アジアに進出してきたイスラーム帝国 [17] 朝と唐が衝突したのが [18] の戦いで, 唐が大敗した。8～9世紀にモンゴル高原を支配したのがトルコ系の [19] である。875年, 中央アジア西部の**ソグディアナ地方**で自立したのが [20] 朝であったが, 中央アジアで初めてのトルコ系の [21] 朝に10世紀末に滅ぼされた。………………………………………

◉ **セルジューク朝**を建国した [22] は1055年, [23] に入城し, [17] 朝のカリフから [24] の称号を授かった。セルジューク朝から12世紀末にイラン高原を奪い, [25] 朝を滅ぼしたのが [26] 朝である。[26] 朝は1220年 [27] の攻撃を受けて事実上崩壊し, その後, ユーラシア大陸は [28] 帝国によって統一される。………………………………

01 スキタイ
02 匈奴
03 冒頓単于
04 月氏
05 烏孫
06 アレクサンドロス
07 セレウコス
08 パルティア
09 バクトリア
10 後漢
11 班超
12 鮮卑
13 北魏
14 柔然
15 突厥
16 エフタル
17 アッバース
18 タラス河畔
19 ウイグル
20 サーマーン
21 カラハン
22 トゥグリル=ベク
23 バグダード
24 スルタン
25 ゴール
26 ホラズム=シャー
27 チンギス=ハン
28 モンゴル

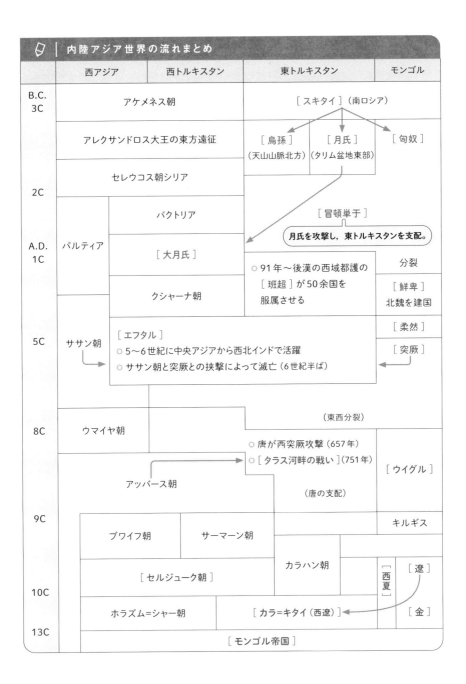

内陸アジア世界の流れまとめ

	西アジア	西トルキスタン	東トルキスタン	モンゴル
B.C. 3C	アケメネス朝		[スキタイ]（南ロシア）	
	アレクサンドロス大王の東方遠征		[烏孫]（天山山脈北方） [月氏]（タリム盆地東部）	[匈奴]
2C	セレウコス朝シリア			
	パルティア	バクトリア	[冒頓単于] 月氏を攻撃し，東トルキスタンを支配。	
A.D. 1C		[大月氏]	○ 91年〜後漢の西域都護の [班超] が50余国を服属させる	分裂
		クシャーナ朝		[鮮卑] 北魏を建国
5C	ササン朝	[エフタル] ○ 5〜6世紀に中央アジアから西北インドで活躍 ○ ササン朝と突厥との挟撃によって滅亡（6世紀半ば）		[柔然] [突厥]
8C	ウマイヤ朝		（東西分裂）	
	アッバース朝		○ 唐が西突厥攻撃（657年） ○ [タラス河畔の戦い]（751年） （唐の支配）	[ウイグル]
9C	ブワイフ朝	サーマーン朝		キルギス
	[セルジューク朝]		カラハン朝	［西夏］ [遼]
10C	ホラズム=シャー朝		[カラ=キタイ（西遼）]	[金]
13C	[モンゴル帝国]			

43

18　モンゴル帝国〜元

⏱ | 5分で流れをチェック

☑ | 重要語句

◉ 13世紀初め，[01]はモンゴル全部族を統一し，1206年の[02]で**ハンの称号**を受けて**チンギス＝ハン**と称し，**モンゴル帝国**を建国した。彼は中央アジアの[03]朝に遠征し，**西夏**征服の途上で病没した。……………………………

◉ 第2代の[04]は[05]を滅ぼし，首都[06]を建設し，[07]にヨーロッパ遠征を命じた。[07]の遠征軍は1241年，[08]の戦いでドイツ・ポーランド連合軍を破り，南ロシアに[09]国を建国した。……………………………

◉ 第4代の[10]は弟の[11]に西アジア遠征を命じた。[11]の遠征軍は1258年**バグダード**を占領して[12]朝を滅ぼし，**タブリーズ**を首都にして[13]国を建国した。………

◉ 第5代皇帝に即位した**フビライ**に対して，これを認めない勢力が[14]の乱を起こしたが，フビライの死後平定された。フビライは[15]に遷都して，1271年，国号を中国風の[16]に改称し，1276年，[17]を滅ぼして中国を統一した。漢民族から見れば，中国史上初の異民族統一王朝となる。
……………………………………………

◉ フビライは対外的には朝鮮半島の[18]を服属させたが，ベトナムの[19]朝，**日本**，**ジャワ**への遠征には失敗した。一方，国内ではモンゴル人の次にイラン人や中央アジア系の人々を[20]人と呼び，元朝の財務官僚として重用した。モンゴル人と[20]人は華北の旧金統治下の[21]人，江南の旧南宋統治下の[22]人を支配した。元は漢民族の文化・風習を重視せず，公用語は[23]語で，チベット文字を基にした[24]文字で表記された。宗教も[25]を保護し，官吏登用制度である[26]は一時廃止された。………………

◉ モンゴル帝国ではチンギス＝ハンが創設した[27]（**駅伝制**）が整備され，元では隋代に開削された**大運河**を補修し，新運河も開き，海運もさかんであった。元は**金**でも使用された紙幣[28]を発行したが乱発のため経済は混乱した。元末，[29]などの宗教結社に率いられた農民反乱である[30]が起こり，元はモンゴル高原に退き，**北元**となった。…

重要語句

01 テムジン
02 クリルタイ
03 ホラズム＝シャー
04 オゴタイ＝ハン
05 金
06 カラコルム
07 バトゥ
08 ワールシュタット
09 キプチャク＝ハン
10 モンケ＝ハン
11 フラグ
12 アッバース
13 イル＝ハン
14 ハイドゥ
15 大都 (だいと)
16 元 (げん)
17 南宋 (なんそう)
18 高麗 (こうらい)
19 陳 (ちん)
20 色目 (しきもく)
21 漢 (かん)
22 南 (なん)
23 モンゴル
24 パスパ
25 ラマ教（チベット仏教）
26 科挙
27 ジャムチ
28 交鈔 (こうしょう)
29 白蓮教 (びゃくれんきょう)
30 紅巾の乱 (こうきん)

🏳 | モンゴル帝国〜元の流れまとめ

初代	[チンギス=ハン]	○ ナイマン，ホラズム，西夏を征服。西夏征服の陣中で病没
2代	[オゴタイ=ハン]	○ 金を征服。カラコルムを首都。[バトゥのヨーロッパ遠征] ➡️キプチャク=ハン国
4代	モンケ=ハン	○ [フラグの西アジア遠征]➡️アッバース朝滅亡➡️イル=ハン国
5代	[フビライ=ハン]	○ 大都に遷都。国号を元と改称。南宋を滅ぼして中国統一

🏳 | 元の中国支配

モンゴル人(200万人)	○ 支配者層。政治・軍事を担当
[色目人] (100万人)	○「様々な種類の人」の意。中央アジア・西アジア出身者。経済・財政を担当
[漢人] (1000万人)	○ 金（華北）の領域の居住者。女真人，契丹人，漢民族など
[南人] (6000万人)	○ 南宋（江南）の領域の居住者。漢民族

🏳 | 元の衰退の原因

①帝位をめぐる争い　②チベット仏教への過度の出費　③交鈔の乱発による経済混乱　④14世紀に世界的規模で続いた天災

[紅巾の乱]

元はモンゴル高原に撤退し，北元となる

🔍 | モンゴル帝国の分裂と元の中国統一MAP

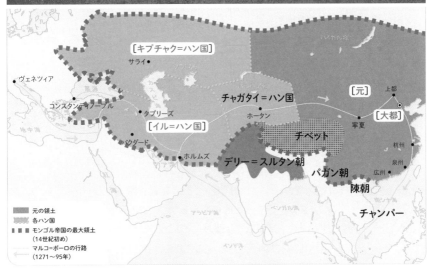

19 明

◎ 元末の紅巾の乱に参加して台頭してきた貧農出身の[01]は[02]を都にして**明**を建国し帝位についた（[03]）。彼は[04]を廃止して**六部**を皇帝の直属とし，皇帝独裁体制を確立した。さらに彼は刑法典として[05]，行政法典として[06]，兵制として[07]制を定めた。また農民支配として戸籍・租税台帳として[08]，土地台帳として[09]を作成し，村落行政制度として[10]を定めた。また民衆教化のために[11]を発布した。……………………………………

◎ 第2代皇帝[12]が諸王の領地削減を進めたため，叔父の燕王は[13]を起こし，帝位を奪って第3代皇帝[14]となった。彼は都を[02]から[15]に遷都し，皇帝を補佐する大臣として[16]を置いた。また積極的な対外政策を行ない，自ら5度にわたる**モンゴル遠征**を行い，イスラーム教徒の宦官である[17]に南海諸国遠征を行わせた。………………

◎ 永楽帝の死後，明は北方からのモンゴル人の侵入と南方からの[18]の侵入に苦しめられた。これらをまとめて**北虜南倭**という。**オイラト**の指導者[19]はモンゴルを統一し，1449年の[20]で明の皇帝[21]を捕えた。その後，**韃靼（タタール）**の族長の[22]は[15]を包囲するなど明の北辺への侵入を繰り返した。明は対策として[23]の補修・新築を行ったため，現存する[23]は明代のものがほとんどである。[18]は14世紀の前期は日本人を主体にしていたが，16世紀の後期では明の[24]策に反発する中国人が主体であった。明代の後期になると[25]や**日本銀**が流入したことで税の銀納化が行われ，土地税と人頭税を一括して銀納する[26]が実施された。……………………………

◎ 第14代皇帝**万暦帝**は幼少で即位したが，**首席内閣大学士**となった[27]が綱紀粛正と行政改革，財政再建を行った。しかし，その後，明は日本の[28]の朝鮮侵攻に参戦したことなどによって財政が破綻し，政治面でも**宦官**を批判した**顧憲成**を指導者とする[29]派と宦官勢力と結びつく非[29]派との対立が激化し，衰退した。明は農民反乱である[30]によって1644年に滅亡した。……………………

重要語句

01 朱元璋
02 南京（金陵）
03 洪武帝
04 中書省
05 明律
06 明令
07 衛所
08 賦役黄冊
09 魚鱗図冊
10 里甲制
11 六諭
12 建文帝
13 靖難の役
14 永楽帝
15 北京
16 内閣大学士
17 鄭和
18 倭寇
19 エセン＝ハン
20 土木の変
21 正統帝
22 アルタン＝ハン
23 万里の長城
24 海禁
25 メキシコ銀
26 一条鞭法
27 張居正
28 豊臣秀吉
29 東林
30 李自成の乱

明の流れまとめ

［明］の建国

- 首都…［南京（金陵）］
- 初代　［朱元璋］→［洪武帝］

［洪武帝］の政治

- 政治…［中書省廃止］→六部を皇帝直属
- 法律…明律・明令
- 軍事…衛所制
- 民衆支配
  - ［魚鱗図冊］…土地台帳
  - ［賦役黄冊］…戸籍・租税台帳
  - ［里甲制］…村落行政組織
  - ［六諭］…民衆教化

［永楽帝］の政治

- （内政）
  - 首都…南京→［北京］
  - ［内閣大学士］を設置
- （外交）
  - モンゴル親征
  - ［鄭和の南海遠征］

靖難の役

- 第2代　建文帝
  叔父の燕王が［靖難の役］

- 第3代　［永楽帝］

［北虜南倭］…明代中期以降

- 北虜…北からのモンゴル人の侵入
- 南倭…南からの倭寇の侵入

明の衰退と滅亡

- 第14代　［万暦帝］…［張居正］の改革
- 豊臣秀吉の朝鮮侵入
- 官僚の対立…東林派 ◀━▶ 非東林派
- 農民反乱軍の指導者［李自成］が北京を占領
  →明は滅亡

明とその周辺諸国MAP

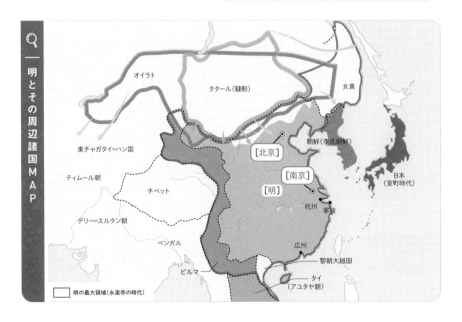

オイラト
タタール（韃靼）
女真
東チャガタイ＝ハン国
朝鮮（李氏朝鮮）
ティムール朝
チベット
［北京］
［南京］
［明］
日本
（室町時代）
デリー＝スルタン朝
杭州　寧波
ベンガル
広州
黎朝大越国
ビルマ
タイ
（アユタヤ朝）

☐ 明の最大領域（永楽帝の時代）

20 清

| 🕐 | 5分で流れをチェック | ☑️ | 重要語句 |

中国東北地方に居住していた**ツングース系**[01]族は[02]が部族の統一に成功し，1616年に[03]を建国した。彼は軍事・行政組織として[04]を創設し，モンゴル文字を応用して**満州文字**を創始した。………………………

第2代皇帝[05]は1635年に内モンゴルの[06]を征服し，36年に国号を**清**に改め，37年には[07]王朝を服属させた。**李自成の乱**で明が滅ぶと，第3代皇帝の**順治帝**は明の武将である[08]の先導で**北京**を占領し，遷都した。……

第4代皇帝[09]は[08]ら漢人藩王の反乱である[10]を鎮圧し，明の復興運動に活躍した武将である[11]が拠点とした[12]ものちに平定して中国を統一した。彼は1689年，ロシア帝国の[13]と[14]を結び，**アルグン川**と**スタノヴォイ山脈**を国境と定めた。第5代皇帝[15]は1727年，ロシアと[16]を結びモンゴルにおける国境を定めた。また彼は政務最高機関として[17]を設置し，[18]教の布教を禁止した。……

第6代皇帝[19]は，1758年，[20]を征服して**新疆**と命名し，清の領土は最大となった。清は中国本土，東北地方，[12]を直轄地として，モンゴル・新疆・チベット・青海を[21]として[22]が統轄した。また清は**科挙**を実施し，中央官庁の高官の定員を偶数とし，満州民族と漢民族を同数とする[23]制を行うなど，漢民族に対して懐柔策をとった。しかし，一方で清は満州民族の髪型である[24]や**満州服**を強制し，[25]や禁書など抑圧策も併用した。………………

兵制としてはモンゴル[04]，漢軍[04]のほかに，漢人によって治安維持など警察の機能を果たす[26]が設置された。税制では**一条鞭法**に代わり，土地税の中に人頭税を繰り込んで一括して銀納させる[27]が[15]の時代に全国で実施された。また[19]は1757年，欧州諸国との貿易を[28]一港のみに限定し，特許承認組合である[29]に貿易を独占させた。清は人口増加にともなって，東南アジアなどに移住する人々が多かったが，彼らのことを[30]と呼んだ。……

01 女真
02 ヌルハチ
03 金 (後金)
04 八旗
05 ホンタイジ
06 チャハル
07 朝鮮
08 呉三桂
09 康熙帝
10 三藩の乱
11 鄭成功
12 台湾
13 ピョートル1世
14 ネルチンスク条約
15 雍正帝
16 キャフタ条約
17 軍機処
18 キリスト
19 乾隆帝
20 ジュンガル
21 藩部
22 理藩院
23 満漢併用
24 辮髪
25 文字の獄
26 緑営
27 地丁銀制
28 広州
29 公行 (コホン)
30 華僑

🗒 | 清のまとめ

清の流れ

[ヌルハチ]	○ [金（後金）] を建国。[八旗] を創設 [満州文字] を創始
[ホンタイジ]	○ 内モンゴルのチャハルを征服。国号を [清] と改称。朝鮮王朝を服属させる
順治帝	○ [北京] を占領して遷都する
[康熙帝]	○ [三藩の乱] を鎮圧。[台湾] を平定。ロシアと [ネルチンスク条約]
[雍正帝]	○ ロシアと [キャフタ条約]。[軍機処] を設置。[キリスト布教を禁止]
[乾隆帝]	○ 領土最大となる

漢民族統治政策

懐柔策	○ [満漢併用制]（満漢偶数官制） ○ [科挙] の実施 ○ 大規模な編纂事業を実施
抑圧策	○ [辮髪] と満州服の強制 ○ 文字の獄・禁書

> 懐柔策と抑圧策を併用

清の統治

直轄地	○ 中国本土，東北地方，[台湾]
[藩部] （理藩院が統治）	○ モンゴル，新疆，チベット，青海
属国	○ 朝鮮，黎朝・阮朝（ベトナム），アユタヤ朝（タイ），コンバウン朝（ビルマ）

清の軍制

満州 [八旗] モンゴル [八旗] 漢軍 [八旗]	○ 清の正規軍
[緑営]	○ 地方の治安維持 ○ 漢民族で編成

🔍 | 清と隣接諸国MAP

ロシア帝国
ネルチンスク
キャフタ
[モンゴル]
[新疆]
[北京]
朝鮮
[青海]
[チベット]
[清]
琉球
広州
[台湾]
ビルマ
ベトナム
シャム（タイ）

- ☐ 清の直轄領
- ☐ 清の藩部
- ☐ 清の朝貢国

▲紫禁城の太和殿

▲天壇の祈年殿

MY MEMO

KEYWORD
自分がまちがえやすい用語をメモしておこう!

CHAPTER 03

イスラーム世界

21 イスラーム帝国の成立

5分で流れをチェック

6世紀後半，［01］帝国と**ササン朝**が激しく抗争し，**絹の道**がとだえ，アラビア半島西部経由の貿易が発展することで，［02］や［03］が中継貿易都市として繁栄した。……………

［02］生まれの［04］族［05］家出身の商人**ムハンマド**は610年頃，唯一神［06］の啓示を受けた預言者であると自覚し，**イスラーム教**をとなえた。経典は［07］で［08］語で書かれている。……………

622年，ムハンマドと少数の信者が［02］から［03］に移住した。これを［09］と呼んでいる。630年にはイスラーム教団は［02］の征服に成功し，［10］神殿をイスラーム信仰の中心とし，その後，**アラビア半島**を統一した。……………

ムハンマドの後継者は［11］と呼ばれた。初代［12］から第4代［13］までを［14］時代という。［15］と呼ばれた征服活動もさかんで，642年の［16］の戦いで**ササン朝**を破っている。……………

661年，［13］の暗殺後，シリア総督の［17］が［18］を首都にしてウマイヤ朝を建国した。宗派の対立が激しくなり，ウマイヤ朝を正統とする多数派を［19］派，［13］とその子孫を正統とする少数派を［20］派と呼ぶ。ウマイヤ朝は711年，イベリア半島の［21］王国を滅ぼし，**ピレネー山脈**を越えたが，732年，［22］の戦いで［23］王国に敗れた。ウマイヤ朝はアラブ人が特権的な支配層であり，人頭税の［24］と地租の［25］を征服地住民だけに課した。……………

750年，ウマイヤ朝を打倒して建国したのが**アッバース朝**で第2代［26］の時代に首都［27］が建設された。アッバース朝ではアラブ人の特権が廃止され，**ムスリム**は［24］を免除され，アラブ人にも［25］が課された。第5代［28］の時代が全盛時代である。また，751年，［29］の戦いで唐に勝利し，［30］が伝来した。……………

重要語句

01 ビザンツ
02 メッカ
03 メディナ
04 クライシュ
05 ハーシム
06 アッラー
07 『コーラン（クルアーン）』
08 アラビア
09 ヒジュラ（聖遷）
10 カーバ
11 カリフ
12 アブー=バクル
13 アリー
14 正統カリフ
15 ジハード（聖戦）
16 ニハーヴァンド
17 ムアーウィヤ
18 ダマスクス
19 スンナ（スンニー）
20 シーア
21 西ゴート
22 トゥール・ポワティエ間
23 フランク
24 ジズヤ
25 ハラージュ
26 マンスール
27 バグダード
28 ハールーン=アッラシード
29 タラス河畔
30 製紙法

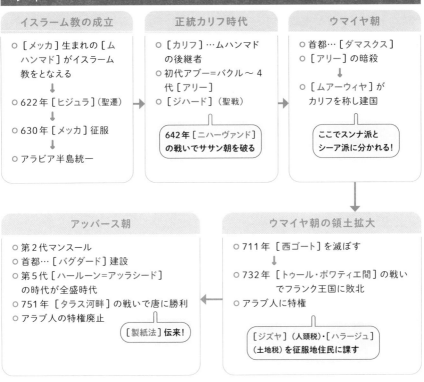

🛡 イスラーム帝国成立の流れまとめ

イスラーム教の成立

- ［メッカ］生まれの［ム
  ハンマド］がイスラーム
  教をとなえる
  ↓
- 622年［ヒジュラ］（聖遷）
  ↓
- 630年［メッカ］征服
  ↓
- アラビア半島統一

正統カリフ時代

- ［カリフ］…ムハンマド
  の後継者
- 初代アブー＝バクル～4
  代［アリー］
- ［ジハード］（聖戦）

642年［ニハーヴァンド］
の戦いでササン朝を破る

ウマイヤ朝

- 首都…［ダマスクス］
- ［アリー］の暗殺
  ↓
- ［ムアーウィヤ］が
  カリフを称し建国

ここでスンナ派と
シーア派に分かれる！

アッバース朝

- 第2代マンスール
- 首都…［バグダード］建設
- 第5代［ハールーン＝アッラシード］
  の時代が全盛時代
- 751年［タラス河畔］の戦いで唐に勝利
- アラブ人の特権廃止

［製紙法］伝来！

ウマイヤ朝の領土拡大

- 711年［西ゴート］を滅ぼす
  ↓
- 732年［トゥール・ポワティエ間］の戦い
  でフランク王国に敗北
- アラブ人に特権

［ジズヤ］（人頭税）・［ハラージュ］
（土地税）を征服地住民に課す

🔍 イスラーム帝国の発展MAP

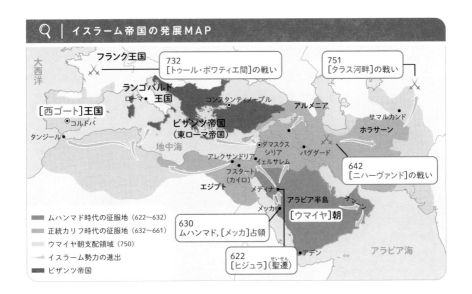

フランク王国
732
［トゥール・ポワティエ間］の戦い

751
［タラス河畔］の戦い

ランゴバルド
王国
ローマ
コンスタンティノープル
アルメニア
サマルカンド

［西ゴート］王国
コルドバ
ビザンツ帝国
（東ローマ帝国）
ホラサーン

タンジール
地中海
ダマスクス
シリア
バグダード
アレクサンドリア
イェルサレム
642
［ニハーヴァンド］の戦い

フスタート
（カイロ）
エジプト
メディナ
アラビア半島
［ウマイヤ］朝

630
ムハンマド，［メッカ］占領
メッカ

622
［ヒジュラ］（聖遷）
アデン
アラビア海

■ ムハンマド時代の征服地（622～632）
■ 正統カリフ時代の征服地（632～661）
■ ウマイヤ朝支配領域（750）
→ イスラーム勢力の進出
■ ビザンツ帝国

⏱ | 5分で流れをチェック

✓ | 重要語句

◉ **アッバース朝**が建国すると，ウマイヤ家の一族が［01］半島に逃れて建国したのが［02］朝で［03］を首都とし，第8代［04］のときが全盛時代であった。…………………

◉ チュニジアに建国した後，エジプトを支配したのが［05］朝で新首都［06］を建設した。**シーア派**の一分派［07］派の王朝で，建国当初からカリフを自称していた。………………

◉ イラン系シーア派の［08］朝は946年，**バグダード**に入城し，カリフから［09］に任命された。その後，トルコ系スンナ派の［10］朝を建国した［11］は1055年，バグダードに入城し，［08］朝を倒してカリフから［12］の称号を授かった。［10］朝の宰相［13］は軍制や税制を整備し，主要都市に［14］学院を設立して官僚の養成に努めた。………………

◉ モンゴル人の［15］は1258年，バグダードを占領してアッバース朝を滅ぼし，イラン高原に［16］国を建国した。第7代［17］はイスラーム教を国教とした。［17］の宰相が［18］で行財政改革を実施し，ペルシア語で歴史書［19］を編集した。………………………………………………

◉ 中央アジアで自立したイラン系ムスリム政権が［20］朝で，10世紀末に中央アジア初のトルコ系ムスリム政権の［21］朝に滅ぼされた。［21］朝は12世紀に**カラキタイ**（西遼）や［22］朝に滅ぼされた。962年頃にアフガニスタンに建国したイスラーム王朝が［23］朝でインドに侵入した。12世紀後半［24］朝は［23］朝を滅ぼし，インド侵入をくりかえした。…………………………………………………………

◉ ［25］が建てたインド最初のイスラーム王朝が［26］王朝である。その後，**ハルジー朝**，［27］朝，**サイイド朝**，［28］朝と続いたいずれも［29］を首都にした5王朝を総称して［30］朝という。………………

重要語句

01 イベリア
02 後ウマイヤ
03 コルドバ
04 アブド=アッラフマーン3世
05 ファーティマ
06 カイロ
07 イスマーイール
08 ブワイフ
09 大アミール
10 セルジューク
11 トゥグリル=ベク
12 スルタン
13 ニザーム=アルムルク
14 ニザーミーヤ
15 フラグ
16 イル=ハン
17 ガザン=ハン
18 ラシード=アッディーン
19『集史』
20 サーマーン
21 カラハン
22 ホラズム=シャー
23 ガズナ
24 ゴール
25 アイバク
26 奴隷
27 トゥグルク
28 ロディー
29 デリー
30 デリー=スルタン

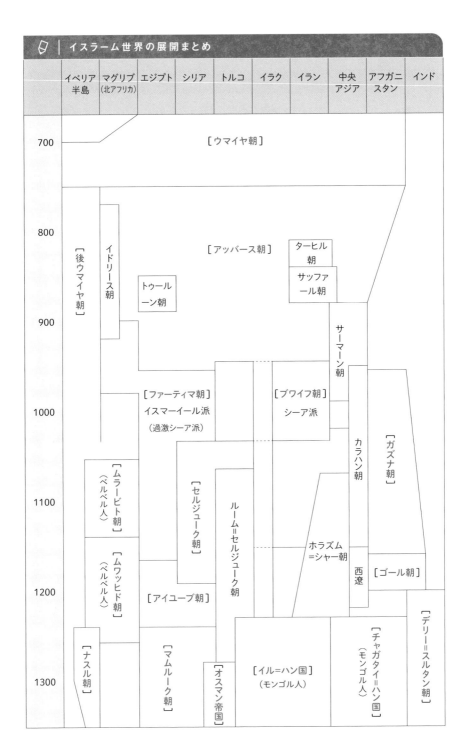

イスラーム世界の展開まとめ

	イベリア半島	マグリブ(北アフリカ)	エジプト	シリア	トルコ	イラク	イラン	中央アジア	アフガニスタン	インド
700			[ウマイヤ朝]							
800	[後ウマイヤ朝]	イドリース朝	トゥールーン朝	[アッバース朝]			ターヒル朝 / サッファール朝			
900							サーマーン朝			
1000			[ファーティマ朝] イスマーイール派 (過激シーア派)			[ブワイフ朝] シーア派		カラハン朝	[ガズナ朝]	
1100		[ムラービト朝] (ベルベル人)		[セルジューク朝]	ルーム=セルジューク朝			ホラズム=シャー朝		
1200		[ムワッヒド朝] (ベルベル人)	[アイユーブ朝]					西遼	[ゴール朝]	[デリー=スルタン朝]
1300	[ナスル朝]		[マムルーク朝]	[オスマン帝国]		[イル=ハン国] (モンゴル人)		[チャガタイ=ハン国] (モンゴル人)		

5 5

◎ **クルド人**の [01] が**ファーティマ朝**を滅ぼして建国したのが [02] 朝で，スンナ派の信仰を回復した。その後，[02] 朝の [03] 軍団出身者が建てた政権が [03] 朝で第5代スルタンの [04] は即位前にモンゴル軍の侵入を撃破している。……

◎ モロッコを中心に [05] 人が建てた政権が [06] 朝で [07] を都としてイベリア半島まで進出した。[06] 朝は12世紀半ばに [08] 朝に滅ぼされた。イベリア半島最後のムスリム政権が [09] 朝で首都の [10] には [11] 宮殿がある。

◎ ウマイヤ朝やアッバース朝で軍人・官僚に支給された俸給のことを [12] という。軍人や官僚に，俸給のかわりに分与地の徴税権を与えた制度を [13] 制と呼び，[14] 朝が始め，[15] 朝以降，一般化した。**ムスリム商人**は海上交易では [16] 船を使って進出した。中央アジア・西アジアの街道や都市には [17] と呼ばれる隊商宿が造られ，内陸交易も盛んであった。……

◎ 東南アジア最初の本格的なイスラーム国家が [18] 王国で，東南アジアのイスラーム化の拠点となった。………………

◎ 前920年頃，**ナイル川**上流に成立したのが [19] 王国で，前670年頃から [20] を首都にして製鉄と商業で栄えた。4世紀半ば，エチオピアの [21] 王国に滅ぼされた。…………

◎ 西アフリカでは，はじめ [22] 王国がサハラ交易で栄えた。続いて [23] 王国が**ニジェール川**流域の都市 [24] を交易の拠点として繁栄した。全盛時代の王が [25] 王で**メッカ巡礼**を行った。[23] 王国は15世紀後半，[26] 王国の勃興によって衰退した。…………

◎ アフリカ東岸では現地語に [27] 語を取り込んで生まれた [28] 語を共通語とする文化圏が発展した。**ザンベジ川**南方に成立したのが [29] 王国で [30] 遺跡がある。……………

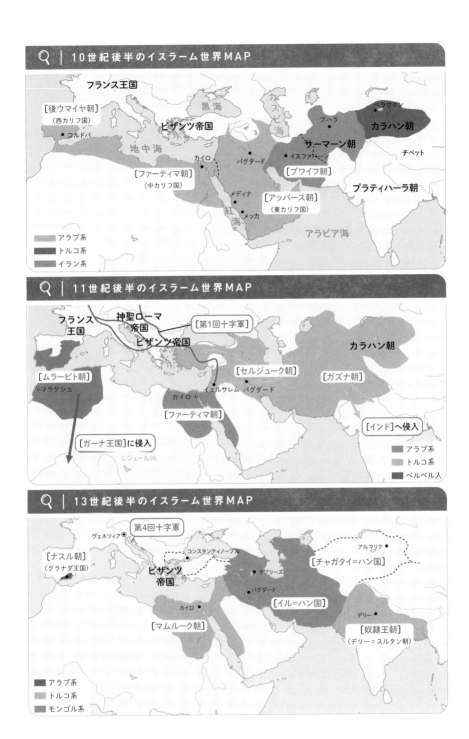

10世紀後半のイスラーム世界MAP

フランス王国

[後ウマイヤ朝]
（西カリフ国）
・コルドバ

黒海

ビザンツ帝国

カラハン朝

ブハラ

サーマーン朝

地中海

カイロ
・バグダード

・イスファハーン

チベット

[ファーティマ朝]
（中カリフ国）

メディナ

[ブワイフ朝]

プラティハーラ朝

・メッカ

[アッバース朝]
（東カリフ国）

アラビア海

アラブ系
トルコ系
イラン系

11世紀後半のイスラーム世界MAP

フランス
王国

神聖ローマ
帝国

[第1回十字軍]

ビザンツ帝国

カラハン朝

[ムラービト朝]

・マラケシュ

[セルジューク朝]

[ガズナ朝]

イェルサレム　バグダード

カイロ

[ファーティマ朝]

[インド]へ侵入

[ガーナ王国]に侵入

ニジェール川

アラブ系
トルコ系
ベルベル人

13世紀後半のイスラーム世界MAP

ヴェネツィア

[第4回十字軍]

コンスタンティノープル

アルマリク

[ナスル朝]
（グラナダ王国）

ビザンツ
帝国

タブリーズ

[チャガタイ=ハン国]

バグダード

[イル=ハン国]

カイロ

デリー

[マムルーク朝]

[奴隷王朝]
（デリー=スルタン朝）

アラブ系
トルコ系
モンゴル系

⏰ 5分で流れをチェック

◎ イスラーム都市は，イスラーム教の礼拝施設である［ 01 ］，イスラーム法学の教育研究施設で［ 02 ］を養成するための［ 03 ］，**アラビア語で**［ 04 ］，**ペルシア語で**［ 05 ］と呼ばれた市場を中心に形成されていた。これらの施設の建設・運営には［ 06 ］と呼ばれる財産寄進制度が利用された。……

◎ イスラーム神秘主義のことを［ 07 ］と呼び，イスラーム神秘主義者を［ 08 ］と呼ぶ。…………………………

◎ チュニス生まれの代表的な歴史家が［ 09 ］で『**世界史序説**』を著した。**イル＝ハン国**の宰相［ 10 ］は第7代［ 11 ］の命で『**集史**』を編纂した。……………………

◎ **アッバース朝**第7代カリフ［ 12 ］がバグダードに創設したのが**知恵の館**でアラビア語で［ 13 ］という。そこで研究し，**アラビア数学**を確立させた数学者が［ 14 ］である。………

◎ イラン系大詩人［ 15 ］は『**ルバイヤート**』を著した。セルジューク朝時代のイラン系神学者［ 16 ］はイスラーム神秘主義をスンナ派イスラームに導入した。**ブハラ**生まれのイラン系の学者［ 17 ］は『**医学典範**』を著した。**コルドバ**生まれの哲学者［ 18 ］は［ 19 ］の注釈書で有名である。モロッコ生まれの旅行家［ 20 ］は『**旅行記**』（『**三大陸周遊記**』）を著した。イラン系詩人［ 21 ］が完成させたペルシア文学の最高傑作が［ 22 ］である。アラビア語で書かれた代表的な説話集が［ 23 ］である。………………

◎ 唐草文やアラビア文字を図案化した装飾文様を［ 24 ］と呼び，精密な技法で描かれた写本の挿し絵や絵画を［ 25 ］という。礼拝堂である［ 01 ］の堂内には［ 26 ］の方向を示す壁のくぼみである［ 27 ］と説教壇がそなえられている。円天井である［ 28 ］がのっているものもある。［ 01 ］に付随した塔が［ 29 ］である。**イェルサレム**にある代表的な［ 01 ］が［ 30 ］である。………

☑ 重要語句

01 モスク
02 ウラマー
03 マドラサ（学院）
04 スーク
05 バザール
06 ワクフ
07 スーフィズム
08 スーフィー
09 イブン＝ハルドゥーン
10 ラシード＝アッディーン
11 ガザン＝ハン
12 マームーン
13 バイト＝アルヒクマ
14 フワーリズミー
15 ウマル＝ハイヤーム
16 ガザーリー
17 イブン＝シーナー
18 イブン＝ルシュド
19 アリストテレス
20 イブン＝バットゥータ
21 フィルドゥシー
22 『シャー＝ナーメ』
23 『千夜一夜物語』（『アラビアン＝ナイト』）
24 アラベスク
25 細密画（ミニアチュール）
26 メッカ
27 ミフラーブ
28 ドーム
29 ミナレット
30 岩のドーム

📖 イスラーム文化

都市	○イスラーム都市…［モスク］（礼拝堂），［マドラサ］（学院），［スーク］・バザール（市場）などを中心
神秘主義	○イスラーム神秘主義…［スーフィズム］ ○イスラーム神秘主義者…［スーフィー］
学問・文学	○［イブン＝ハルドゥーン］…チュニス出身のイスラーム世界最高の歴史家。『世界史序説』を著し歴史発展の法則性を論じる ○［ラシード＝アッディーン］…イル＝ハン国のイラン人政治家・歴史家。『集史』はペルシア語で著した歴史書 ○知恵の館…9世紀にバグダードに建設された学問研究所。プラトンやアリストテレスのギリシア語文献のアラビア語への翻訳・研究が行なわれた。（アラビア語でバイト＝アルヒクマ） ○［フワーリズミー］…イラン系といわれるアッバース朝時代の数学・天文学者。アラビア数学を確立 ○［ウマル＝ハイヤーム］…セルジューク朝時代のイラン系詩人・科学者。四行詩集『ルバイヤート』 ○［ガザーリー］…イラン系イスラーム神学者。スンナ派神学とスーフィズムの統一をはかる ○［イブン＝シーナー］（アヴィケンナ）…イラン系医学者・哲学者。『医学典範』でギリシア・アラビア医学を集大成 ○［イブン＝ルシュド］（アヴェロエス）…コルドバ生まれの大哲学者。法学・医学・天文学にも通じた。アリストテレスの著作の注釈は，西欧中世のアリストテレス研究のおもな典拠とされ，スコラ哲学に大きな影響を与える ○［イブン＝バットゥータ］…モロッコの大旅行家。『旅行記』（『三大陸周遊記』） ○［フィルドゥシー］…サーマーン朝およびガズナ朝時代のイランの大民族詩人。『シャー＝ナーメ』（『王の書』）はペルシア語文学の最高傑作 ○『千夜一夜物語』（『アラビアン＝ナイト』）…アラビア語の大説話集
美術	○［アラベスク］…植物の茎や葉を図案化して幾何学的に連続配置した文様 ○［細密画（ミニアチュール）］…本の挿し絵などとして精緻な技法で描かれた絵画
建築	○［モスク］…イスラーム教の礼拝堂 ○［ミナレット］…モスクに付属する尖塔 ○［ドーム］…モスク独特の丸屋根 ○［岩のドーム］…イェルサレムにあるイスラーム初期の代表的モスク

▲アラベスク

▲細密画（ミニアチュール）

▲岩のドーム

5分で流れをチェック | 重要語句

◎ 1370年，[01]が**チャガタイ＝ハン国**の内紛に乗じて[02]を首都にして建国したのが[01]朝である。その後，[01]は[03]国崩壊後のイランを併合し，中央アジアからイランにいたる広大な地域を征服した。1402年には[04]の戦いで**オスマン帝国**を破った。第4代の[05]は天文学の発達に貢献するなど学芸君主として名高い。……………………

◎ オスマン1世がアナトリアで建国したのが**オスマン帝国**である。1362年には[06]を**ビザンツ帝国**から奪い，首都とした。第3代ムラト1世は1389年，[07]の戦いでバルカン諸国軍を撃破した。第4代[08]は1396年の[09]の戦いでハンガリー王[10]を破ったが，1402年の[04]の戦いで[01]に敗北し帝国は一時中断した。……………………

◎ 第7代[11]は1453年，[12]（のち[13]と呼ばれる）攻略に成功し，首都にした。これによりビザンツ帝国は滅亡した。第9代[14]は1517年，エジプトの[15]朝を滅ぼした。第10代[16]の時代が帝国の最盛期であった。1526年の[17]の戦いで[18]指揮下のハンガリー軍を撃破し，1529年には[19]を包囲（第1次）し，1538年の[20]の海戦ではスペイン・ヴェネツィア・ローマ教皇の連合艦隊を撃破した。第11代[21]が**フランス**に与えた通商上の恩恵的特権を[22]という。……………………

◎ オスマン帝国内の**ギリシア正教**，**ユダヤ教**などの非ムスリム共同体を[23]と呼び，各教徒は納税を条件に自治が認められていた。スルタン直属の歩兵常備軍が[24]で，バルカン半島の[25]教徒の少年を[26]制によって徴集することによって編成した。……………………

◎ 1683年の第2次[19]包囲失敗からオスマン帝国衰退がはじまり，1699年の[27]条約で[28]を**オーストリア**に割譲した。ただし，[29]統治下のオスマン帝国は文化の爛熟期を迎え，[30]と呼ばれた。……………………

重要語句

01 ティムール
02 サマルカンド
03 イル＝ハン
04 アンカラ
05 ウルグ＝ベク
06 アドリアノープル
07 コソヴォ
08 バヤジット1世
09 ニコポリス
10 ジギスムント
11 メフメト2世
12 コンスタンティノープル
13 イスタンブル
14 セリム1世
15 マムルーク
16 スレイマン1世
17 モハーチ
18 ラヨシュ2世
19 ウィーン
20 プレヴェザ
21 セリム2世
22 カピチュレーション
23 ミッレト
24 イェニチェリ
25 キリスト
26 デヴシルメ
27 カルロヴィッツ
28 ハンガリー
29 アフメト3世
30 「チューリップ時代」

［ティムール］朝

- 首都…［サマルカンド］
- ［イル＝ハン国］崩壊後のイランを併合…中央アジア征服
- ［アンカラ］の戦いで勝利
- 第4代［ウルグ＝ベク］…学芸君主

オスマン帝国の建国

- 第3代ムラト1世
  コソヴォの戦い ➡ 勝利
- 第4代［バヤジット1世］
  ニコポリスの戦い ➡ 勝利
- 第4代［バヤジット1世］（捕虜）
  オスマン帝国一時滅亡

オスマン帝国全盛時代

- 第10代［スレイマン1世］…全盛時代
- モハーチの戦いでハンガリー軍を撃破
- 第1次［ウィーン］包囲
- ［プレヴェザ］の海戦に勝利

- 第11代［セリム2世］
  フランスに［カピチュレーション］

オスマン帝国の発展

- 第7代［メフメト2世］
  ［コンスタンティノープル］攻略に成功し、首都にする
  ➡ のち［イスタンブル］と呼ばれる

- 第9代［セリム1世］
  エジプトの［マムルーク朝］を滅ぼす

オスマン帝国の統治策

- ［ミッレト］…非ムスリム共同体
- ［イェニチェリ］…スルタン直属の歩兵常備軍
- ［デヴシルメ］…バルカン半島のキリスト教徒の優秀な男子を強制的に徴用

オスマン帝国の衰退始まる

- 第2次［ウィーン］包囲の失敗
- ［カルロヴィッツ］条約でハンガリーをオーストリアに割譲
- ［アフメト3世］…「［チューリップ時代］」

🔍 オスマン帝国とサファヴィー朝の最大領域MAP

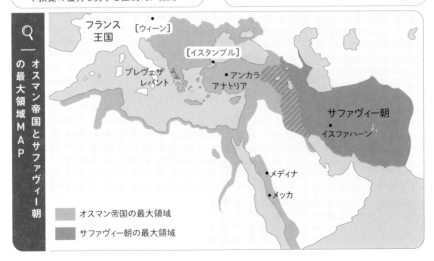

- ■ オスマン帝国の最大領域
- ■ サファヴィー朝の最大領域

26　イスラーム世界の繁栄2

■ 5分で流れをチェック

◉ イスラーム神秘主義教団の教主 [01] が [02] を首都にして建国したのが [03] 朝である。ただし，この王朝は [01] が建国の際に**シーア派**の最大宗派である [04] 派を国家宗教であると宣言している。第5代 [05] のときが全盛時代で，[06] に遷都し，ポルトガルが占領していた [07] 島を奪還した。[06] の [08] の広場に面して建てられたモスクが [08] のモスクである。……………………………………

◉ ティムール直系の子孫とされる [09] が1526年，[10] の戦いで**デリー＝スルタン朝**最後の [11] 朝を破り，**デリー**で建国したのが**ムガル帝国**である。第3代 [12] 帝は首都を [13] に遷都し，[14] 制という官僚制度を整え，ヒンドゥー教徒との融和のために [15] を廃止した。………………

◉ 第5代 [16] はデカン高原まで領土を広げ，[17] などの建築事業に力を注ぐなど，[18] 文化の黄金時代を築いた。第6代 [19] 帝は最大版図を築いたが，[15] を復活してイスラーム教を強制した。………………………………………

◉ インド中西部に定住した新興王族が [20] で，[19] 帝のイスラームの強制に強く抵抗した。[21] が創始した新宗教が [22] 教で**パンジャーブ地方**で勢力を保持し，ムガル帝国と軍事的対立が続いた。[23] が建てたヒンドゥー教国が [24] 王国でデカン高原を勢力圏にしていた。ムガル帝国との抗争で衰退したが，その後，[24] 同盟に移行して強力な地方勢力となった。……………………………

◉ 宗教改革者 [25] はヒンドゥー教とイスラーム教との融合をはかり，[26] 制を否定した。ヒンドゥー教の神に対する絶対的帰依・献身的信仰を [27] 信仰という。ムガル帝国の公用語は [28] 語であったが，主に**ムスリム**が使用し現在のパキスタンの公用語が [29] 語で，元来北インドの共通語で現代のインドの公用語の一つが [30] 語である。………

■ 重要語句

01 イスマーイール
02 タブリーズ
03 サファヴィー
04 十二イマーム
05 アッバース1世
06 イスファハーン
07 ホルムズ
08 イマーム
09 バーブル
10 パーニーパット
11 ロディー
12 アクバル
13 アグラ
14 マンサブダール
15 ジズヤ
16 シャー＝ジャハーン
17 タージ＝マハル
18 インド＝イスラーム
19 アウラングゼーブ
20 ラージプート
21 ナーナク
22 シク
23 シヴァージー
24 マラーター
25 カビール
26 カースト
27 バクティ
28 ペルシア
29 ウルドゥー
30 ヒンディー

［サファヴィー］朝

- 首都…［タブリーズ］
- 建国者…［イスマーイール］
- ［シーア派］の十二イマーム派を国教
- 第5代［アッバース1世］…全盛期
- ［イスファハーン］に遷都
- ホルムズ島をポルトガルから奪還

［ムガル帝国］の建国

- 建国者…［バーブル］
- ［パーニーパット］の戦いで
  ［ロディー］朝を破って建国
- 首都…［デリー］
- 第3代［アクバル］
  ［アグラ］に遷都，［ジズヤ］（人頭税）
  を廃止

ムガル帝国に抵抗した勢力

① ［ラージプート］…インド中西部
② ［シク教徒］…パンジャーブ地方
③ ［マラーター同盟］…デカン高原

ムガル帝国の全盛時代

- 第5代［シャー＝ジャハーン］
  デカン高原まで領土拡大
  インド＝イスラーム文化の全盛時代
- 第6代［アウラングゼーブ］帝
  領土最大
  ［ジズヤ］を復活してイスラーム教を強制

ムガル帝国の言語
- ペルシア語…公用語
- ウルドゥー語…現在のパキスタンの公用語
- ヒンディー語…現在のインドの公用語

バクティ信仰

- カビール…ヒンドゥー教とイスラーム教
  の融合を主張
- カースト制を否定
- バクティ信仰…ヒンドゥー教の神に対
  する絶対的帰依

🔍 アクバル帝時代の領域MAP

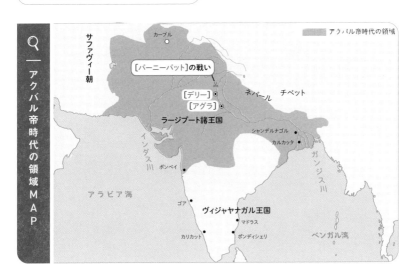

MY MEMO

KEYWORD
自分がまちがえやすい用語をメモしておこう！

CHAPTER **04**

中世ヨーロッパ史

27 西ヨーロッパ世界の成立

◉ インド゠ヨーロッパ語系でバルト海沿岸に原住していたのが［01］人で，ローマ人の記録として［02］の『**ガリア戦記**』や［03］の『**ゲルマニア**』がある。376年，アジア系の［04］人の侵入で彼らは移動を開始し，**西ローマ帝国**内に部族ごとに王国を建てた。……………………………………………

◉ ［04］人は［05］王のときに［06］を中心に大帝国を形成したが451年の［07］の戦いで西ローマ帝国・［01］連合軍に敗北し，大帝国は崩壊した。476年，［01］人傭兵隊長［08］によって西ローマ帝国は滅亡した。………………

◉ ゲルマン諸王国の中で最強であったのが**フランク王国**であった。481年，［09］は全フランク人を統合し，［10］朝を建国した。［09］はゲルマン人に多かった［11］派ではなく［12］派に改宗，534年には［13］王国を併合し，全ガリアを統一した。宮宰であった［14］は侵入してきたイスラーム教徒を［15］の戦いで撃破した。………………………

◉ ［14］の子［16］が**ローマ教皇**［17］の承認を得て建国したのが［18］朝である。［16］は北イタリアの**ランゴバルド王国**を攻撃して［19］地方の土地を教皇に献上した。これを［20］といい，これが［21］の始まりである。………………

◉ ［16］の子が［22］大帝（シャルルマーニュ）で，ランゴバルド王国を滅ぼし，北ドイツの［23］人，東方から侵入してきた［24］人を撃破し，西ヨーロッパを統一した。800年，ローマ教皇の［25］は［22］大帝にローマ皇帝の帝冠を与えた。……………………………………………

◉ ［22］大帝の死後，843年の［26］条約と870年の［27］条約によってフランク王国は3つに分裂した。**東フランク**では［18］家断絶後，ザクセン家の［28］がローマ皇帝の帝冠を得て［29］帝国が誕生し，**西フランク**ではパリ伯［30］によって**カペー朝**が誕生した。………

ゲルマン人の大移動

- ［フン人］のヨーロッパ侵入
  ↓
- ゲルマン人の大移動
  ↓
- ゲルマン人は西ローマ帝国内に移動し、各地に王国

アッティラの大帝国と西ローマ帝国の崩壊

- ［アッティラ］王はパンノニア（ハンガリー）を中心に大帝国
- ［カタラウヌム］の戦いで西ローマ帝国・ゲルマン連合軍に敗北

  大帝国崩壊

  ゲルマン人傭兵隊長［オドアケル］によって西ローマ帝国滅亡

フランク王国②

［カロリング朝］

- 初代…［ピピン］
  カール＝マルテルの子で教皇ザカリアスから国王即位を承認
- ランゴバルド王国を攻撃し、ラヴェンナ地方の土地を教皇に献上

  ［教皇領］の始まり

フランク王国①

［メロヴィング朝］

- 初代…［クローヴィス］（メロヴィング家）
  アタナシウス派に改宗

  ［ブルグンド王国］併合 — 全ガリア統一
- 宮宰…［カール＝マルテル］（カロリング家）
- ［トゥール・ポワティエ間］の戦いで侵入してきたイスラーム教徒を撃破

  キリスト教世界を守る

ピピンの子

［カール大帝］

- ランゴバルド王国を滅ぼし、ザクセン人とアヴァール人の侵入を撃退
  ↓
- ローマ教皇［レオ3世］はカール大帝にローマの帝冠を与える

フランク王国の分裂

カール大帝の死 → ［ヴェルダン条約］ → ［メルセン条約］

- → 東フランク → ［神聖ローマ帝国］

  初代…［オットー1世］
- → 西フランク → フランス王国［カペー朝］

  初代…［ユーグ＝カペー］
- → イタリア

◉ **スカンディナヴィア半島**や**ユトランド半島**を原住地とする北方系のゲルマン人のことを [01] 人と呼び, 全ヨーロッパへ進出していった。イングランドでは878年, [02] 大王が侵入してきた [03] 人を撃退したが, 1016年, [03] 人の王 [04] はイングランドを征服した。北フランスでは911年, [05] が**ノルマンディー公**に封じられ, 1066年, ノルマンディー公 [06] はイングランドを征服し, **ノルマン朝**を建国した。南イタリアとシチリア島に侵入したノルマン人は [07] 王国を建国し, **ルーシ**の首領 [08] はロシアに侵入して [09] 国を建国し, その後後継者はさらに南下して [10] 公国を建国した。……………………………………………………………

◉ 中世西ヨーロッパ特有の社会構造を [11] 社会という。広大な支配領域を持つ有力者を [12] と呼び, 小領主を [13] と呼んだ。主君が保護下に置いた家臣に与えた土地を [14] と呼び, 家臣は主君に対して軍役と忠誠の義務があった。彼ら国王や [12], [13], 聖職者であった**大司教**や**司教**, **修道院長**はすべて領主であり, [15] の所有者であった。[15] において領主に隷属している農民を [16] という。[16] の負担としては農民が領主に課せられた強制的な労働である [17], 領主に納める生産物地代である [18], 収穫の約10%を教会に納める [19] 税などがあった。耕作地を三分して3年周期の輪作をする農法を [20] という。………

◉ カトリック教会は国王や貴族からの土地の [21] を受けて [22] 化し, 腐敗・堕落していた。[23] 修道院出身の教皇 [24] は聖職売買と聖職者の妻帯を禁止し, 大司教・司教・修道院長などを任命する権限である [25] はローマ教皇にあると主張した。この [25] をめぐって争ったのが神聖ローマ皇帝 [26] でこの闘争を [25] 闘争という。結果, [27] の屈辱で教皇側が勝利し, [28] 協約で [25] は教皇が持つことが決まった。その後はローマ教皇の全盛時代となり, 教皇 [29] は**第1回十字軍**をはじめ, 教皇 [30] のときが教皇権絶頂期であった。………………………………

イングランド

- ［アルフレッド大王］
- ［デーン人］の侵入撃退
- ［クヌート（カヌート）］の征服
- ［デーン朝］
- ［ヘースティングズ］の戦い…イングランドの敗北
  ↓
- ［ノルマン朝］

ノルマン人の原住地

- スカンディナヴィア半島
- ユトランド半島

北フランス

- ［ノルマンディー公国］
- ［ロロ］が建国
- ［ノルマンディー公ウィリアム］

ロシア

- ［ノヴゴロド国］
- ルーシの首領［リューリク］
  ↓
- ［キエフ公国］
  リューリクの後継者がキエフに南下して建国

南イタリア・シチリア

［両シチリア王国］

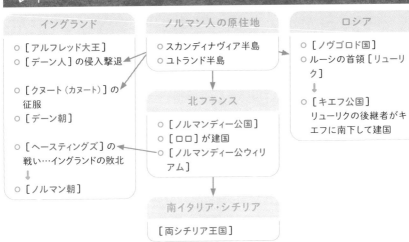

🛡 聖職叙任権闘争

［聖職叙任権］闘争 の始まり

- 教皇［グレゴリウス7世］（［クリュニー修道院］出身）

  改革 ①聖職売買と聖職者の妻帯禁止
     ②聖職叙任権は教皇にある

  VS

- 皇帝［ハインリヒ4世］─②に反対

［聖職叙任権］闘争 の結果

- ［カノッサの屈辱］…教皇勝利
  ↓
- ［ヴォルムス協約］…聖職叙任権は教皇側にある

ローマ教皇全盛時代

- 教皇［ウルバヌス2世］…第1回十字軍
- 教皇［インノケンティウス3世］…教皇権絶頂期

🛡 封建制度と荘園制度

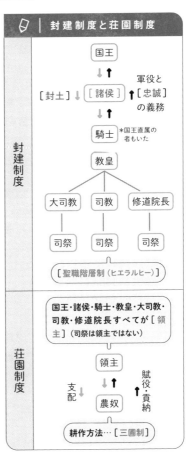

⏱ | **5分で流れをチェック**　　　　　　　　☑ | **重要語句**

◎ 395年，ローマ帝国の東西分裂で成立した東ローマ帝国の別称が［ 01 ］帝国で，首都は［ 02 ］であった。<u>6世紀の［ 03 ］大帝はイタリアの［ 04 ］王国と北アフリカの［ 05 ］王国を滅ぼし，イベリア半島の［ 06 ］王国の領土の一部を奪い，ほぼ地中海全域を支配した。</u>彼は法学者［ 07 ］に命じて『**ローマ法大全**』を編集し，首都に［ 08 ］聖堂を建立した。

◎ 7世紀前半の皇帝［ 09 ］はササン朝を破り，内政では［ 10 ］制を整えた。また公用語がラテン語から［ 11 ］語にかわったのもこの時代である。726年，皇帝［ 12 ］は［ 13 ］を発布した。

◎ **皇帝バシレイオス1世**が創始した［ 14 ］朝は領土を回復し，一時的繁栄を取り戻した。1054年には東西キリスト教会が**完全分離**し，ビザンツ皇帝を首長とする［ 15 ］が誕生した。11世紀に土地制度として［ 16 ］制がはじまり，帝国の分権化が進んだ。<u>ビザンツ帝国は**第4回十字軍**に首都が占領され，［ 17 ］帝国の建国によって一時滅亡し，その後1453年，［ 18 ］帝国の攻撃によって滅亡した。</u>

◎ ［ 19 ］山脈北方を原住地として東ヨーロッパに拡大したのが**スラヴ人**である。**東スラヴ人**は［ 20 ］人が代表的な民族である。**キエフ公国**は［ 21 ］のときに最盛期を迎え，**ギリシア正教**に改宗した。その後，モンゴル人の［ 22 ］が南ロシアを中心に［ 23 ］国を建国した。［ 24 ］大公国は15世紀に［ 23 ］国から自立し，［ 25 ］はツァーリの称号を始めて使用し，［ 26 ］は正式にツァーリを称した。

◎ **南スラヴ人**は**セルビア人**，**クロアティア人**などからなり［ 27 ］半島に定住した。**西スラヴ人**は**ポーランド人**，**チェック人**などからなり，［ 28 ］に改宗した。ポーランド人は［ 29 ］朝の時代に最盛期を迎え，チェック人は［ 30 ］王国を建国し11世紀以降は**神聖ローマ帝国**に編入された。

📕 | 東ヨーロッパ世界成立の流れ

ビザンツ帝国の繁栄

○ 首都…［コンスタンティノープル］
○ ［ユスティニアヌス大帝］…全盛時代
○ 東ゴート王国，ヴァンダル王国を滅ぼし，ほぼ
  地中海統一
○ ［トリボニアヌス］に命じて［『ローマ法大全』］
○ 首都に［ハギア＝ソフィア聖堂］

東ヨーロッパ世界の形成

○ ヘラクレイオス1世
  …［軍管区制（テマ制）］
○ 公用語がラテン語からギリシア語へ
  ↓
○ レオン3世（レオ3世）
  …［聖像禁止令］

ビザンツ帝国の滅亡

○ ［第4回十字軍］
  ↓
○ ラテン帝国建国し，一時滅亡
  ↓
○ ［オスマン帝国］の攻撃で滅亡

ビザンツ帝国の衰退

［マケドニア朝］

○ 領土を回復し，一時的繁栄
○ 東西キリスト教会完全分離
○ ［ギリシア正教会］誕生
○ 軍管区制（テマ制）
  ➡ プロノイア制

［スラヴ］人

○ カルパティア山脈北方に原住
○ 東ヨーロッパに拡大
  ▶ 東スラヴ人…ロシア人が代表
  ▶ 南スラヴ人…セルビア人，クロアティア人など
  ▶ 西スラヴ人…ポーランド人，チェック人など

🔍 | ビザンツ帝国の最大領域MAP

▲ハギア＝ソフィア聖堂内部
（2020年7月からはモスク
として使用されている）

30 西ヨーロッパ世界の変容

🕐 | 5分で流れをチェック

☑ | 重要語句

● [01]朝がキリスト教の聖地[02]を占領したことなどがきっかけで、教皇[03]は[04]宗教会議を招集し、**十字軍**派遣が決定した。**第1回十字軍**は、聖地[02]占領に成功し、そこに[02]王国を建国した。**第3回十字軍**はエジプトの[05]朝の[06]に退けられた。教皇[07]の提唱で行われた**第4回十字軍**は[08]商人の要求で**ビザンツ帝国の首都**[09]を占領し、そこに[10]帝国を建設した。

● 200年間に合計7回行われた十字軍は結局失敗に終わり、これによって教皇の権威は低下し、諸侯・騎士は没落し、かわって[11]が王権を強化していった。1303年、フランス王[12]は教皇[13]をローマ郊外の[14]で捕らえて憤死させるという[14]事件が発生している。その後、[12]は教皇庁をローマから南フランスの[15]に移した。これを[16]という。その後教皇がローマに戻ると、ローマと[15]に2人の教皇が立ち、互いに正統を主張するという[17]が発生し、教皇の権威は没落した。**オクスフォード大学**神学教授[18]や**プラハ大学**神学教授[19]などが教会改革を唱えたのに対し、神聖ローマ皇帝[20]の提唱で[21]公会議が開催され、その結果[17]を終了させ、[18]と[19]を異端とし、[19]を火刑にした。

● 十字軍の影響によって交通が発達し、遠隔地貿易が盛んになっていった。地中海東岸と[08]、**ジェノヴァ**などの[22]諸都市との間の貿易を[23]貿易と呼んでいる。北海・バルト海交易で活躍したのが[24]を盟主とする[25]同盟であった。ベルギーを中心とする[26]地方では毛織物産業が盛んであった。トロワなど4市で国際的な定期市が開かれていたフランス北東部が[27]地方である。中世都市で結成された利益を同じくする商工業者の組合を[28]と呼んでいる。大富豪も出現し、南ドイツの**アウクスブルク**の[29]家やイタリアの**フィレンツェ**を支配した[30]家などが代表である。

01 セルジューク
02 イェルサレム
03 ウルバヌス2世
04 クレルモン
05 アイユーブ
06 サラディン
07 インノケンティウス3世
08 ヴェネツィア
09 コンスタンティノープル
10 ラテン
11 国王
12 フィリップ4世
13 ボニファティウス8世
14 アナーニ
15 アヴィニョン
16 「教皇のバビロン捕囚」
17 教会大分裂（大シスマ）
18 ウィクリフ
19 フス
20 ジギスムント
21 コンスタンツ
22 北イタリア
23 東方（レヴァント）
24 リューベック
25 ハンザ
26 フランドル
27 シャンパーニュ
28 ギルド
29 フッガ
30 メディチ

おもな十字軍の進路
▨ イスラームの勢力圏
→ 第1回（1096〜99）
→ 第3回（1189〜92）
→ 第4回（1202〜04）

ロンドン
ブルッヘ（ブリュージュ）
ブイヨン
パリ
レーゲンスブルク
クレルモン
リヨン
ウィーン
トゥールーズ
ヴェネツィア
ジェノヴァ
マルセイユ
ベオグラード
リスボン
ローマ
シチリア島
ビザンツ帝国
［コンスタンティノープル］
小アジア
大西洋
地中海
黒海
アンティオキア
アッコン
［イェルサレム］

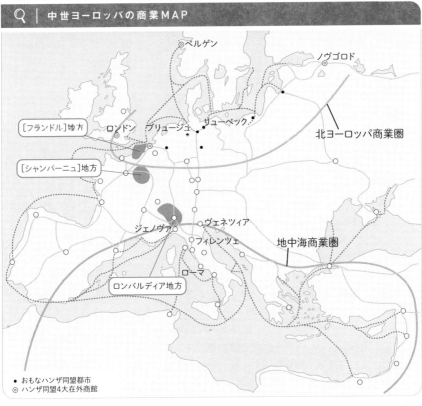

ベルゲン
ノヴゴロド
［フランドル］地方
ロンドン
ブリュージュ
リューベック
北ヨーロッパ商業圏
［シャンパーニュ］地方
ジェノヴァ
ヴェネツィア
フィレンツェ
地中海商業圏
ローマ
［ロンバルディア地方］

● おもなハンザ同盟都市
◎ ハンザ同盟4大在外商館

⏲ | 5分で流れをチェック

☑ | 重要語句

● イギリスの**プランタジネット朝**の[01]王はフランス王[02]に大陸側の領土の大半を奪われ，教皇[03]に破門されて屈服するなど失政が多かったため，貴族が王に認めさせたのが[04]である。[01]王の子のヘンリ3世は[04]を無視したため貴族の[05]は反乱を起こし，議会を招集したがこれが**イギリス議会の起源**とされる。**エドワード1世**が招集した身分制議会のことを[06]議会という。……………………

● フランスの**カペー朝**の**ルイ9世**は南フランスの[07]派を制圧し，モンゴルに[08]を派遣した。[09]はアナーニ事件を起こす際に身分制議会である[10]を招集している。…

● フランスでカペー朝が断絶し[11]朝が成立するとイギリスの[12]は王位継承権を主張し，**百年戦争**が始まった。前半は[13]の活躍などでイギリス軍が優勢であったが，後半は[14]の活躍で，フランス軍を勝利に導いた。その後，イギリスでは[15]家と[16]家による王位継承問題から**バラ戦争**が勃発した。結果，[15]家の[17]朝が成立し，初代の[18]はのちの[19]裁判所を設置して貴族を抑えた。…………………………………………………………………………

● イスラーム教徒の支配に対するキリスト教徒によるイベリア半島奪回のための戦いを[20]という。**カスティリャ**王女の[21]と**アラゴン**王子の[22]の結婚で両王国は統合されて[23]王国が成立し，1492年，**ナスル朝**の首都[24]を陥落させて[20]は終了した。……………………

● 神聖ローマ帝国は歴代皇帝による[25]政策により，諸侯と妥協することになり，300の領邦国家が分立していた。[26]という皇帝不在の時代もあった。**皇帝カール4世**は1356年，[27]を発布し，7人の[28]に皇帝の選出をまかせることにした。イタリアでも，神聖ローマ皇帝支持派の[29]とローマ教皇支持派の[30]の対立が続き，分立が続いた。………

📄 中央集権国家の成立のまとめ

スペイン	イギリス	フランス	神聖ローマ帝国
○［レコンキスタ］	○プランタジネット朝 ○［ジョン王］（欠地王） ○大陸側の領土の大半を奪われる ○教皇インノケンティウス3世に屈服 ○［大憲章（マグナ=カルタ）］ ○ヘンリ3世…大憲章無視 ○［シモン=ド=モンフォール］の反乱 　**イギリス議会の起源** ○エドワード1世…［模範議会］	○カペー朝 ○［フィリップ2世］ ○［ルイ9世］ ○アルビジョワ派を制圧 ○モンゴルにルブルックを派遣 ○［フィリップ4世］ ○アナーニ事件 ○三部会招集	○神聖ローマ皇帝の［イタリア政策］ ○300の領邦国家に分立 ○［大空位時代］ ○［金印勅書］ 　…皇帝カール4世
○カスティリャとアラゴンが合併して［スペイン王国］に	○［百年戦争］ エドワード3世　→　ヴァロワ朝 （前半）［エドワード黒太子］の活躍でイギリス優位 （後半）［ジャンヌ=ダルク］の活躍でフランス勝利		○オーストリアの［ハプスブルク家］が神聖ローマ皇帝位を世襲化
○ナスル朝の都［グラナダ］陥落 　**［レコンキスタ］の終了**	○［バラ戦争］ 　ランカスタ家対ヨーク家 ○［テューダー朝］ 　ヘンリ7世…王権強化	○王権強化	

🔍 15世紀中頃のイベリア半島MAP

🔍 7人の選帝侯MAP

75

◎ イタリアの修道者 [01] は [02] に西ヨーロッパ最古の修道院を建てた。910年にフランスのブルゴーニュに設立されたのが [03] 修道院で教会刷新運動の中心であった。1098年にフランスのブルゴーニュに創設されたのが [04] 修道会で**大開墾運動**の中心であった。財産を持たず，信者からの施しをよりどころとした修道会を [05] 修道会といい，イタリアの [06] 修道会や南フランスの [07] 修道会などがある。

◎ 中世ヨーロッパのキリスト教神学を [08] 学という。**アンセルムス**が [09] 論を，**アベラール**が [10] 論をとなえた論争を [11] 論争という。中世最大の [08] 学者が [12] で代表的著作は [13] である。イギリスの [14] は実験と観察の重要性を説いた。

◎ 北イタリアの [15] 大学は法学で，南イタリアの [16] 大学は医学で有名である。フランス最古の大学が [17] 大学でソルボンヌに置かれた神学部が有名である。12世紀末にできたイギリス最古の大学が [18] 大学でイギリスの神学研究の中心であった。13世紀はじめ，[18] 大学から学生と教師が分かれて誕生したのが [19] 大学である。14世紀半ば，神聖ローマ皇帝カール4世の発議により設立されたのが [20] 大学である。

◎ ドーム（円屋根）と内壁の [21] 壁画を特色とする建築様式が [22] 様式で，北イタリアの**ラヴェンナ**の [23] 聖堂が代表である。南フランス・イタリアから西欧に広がった建築様式が [24] 様式でイタリアの [25] 大聖堂が代表である。北フランスから西欧に広がった建築様式が [26] 様式で高い塔と [27] をはめた広い窓を特色とする。フランスのパリの [28] 大聖堂などが代表である。

◎ **騎士道文学**の代表作として，カール大帝時代の騎士ローランを題材とした [29]，イギリスのケルト系ブリトン人の伝説的英雄アーサー王を題材とした [30] などがある。

01 ベネディクトゥス
02 モンテ=カシノ
03 クリュニー
04 シトー
05 托鉢
06 フランチェスコ
07 ドミニコ
08 スコラ
09 実在
10 唯名
11 普遍
12 トマス=アクィナス
13 『神学大全』
14 ロジャー=ベーコン
15 ボローニャ
16 サレルノ
17 パリ
18 オクスフォード
19 ケンブリッジ
20 プラハ
21 モザイク
22 ビザンツ
23 サン=ヴィターレ
24 ロマネスク
25 ピサ
26 ゴシック
27 ステンドグラス
28 ノートルダム
29 『ローランの歌』
30 『アーサー王物語』

	中世ヨーロッパ文化のまとめ
修道院	○ イタリアの修道者［ベネディクトゥス］がモンテ=カシノに西ヨーロッパ最初の修道院 ○ ［クリュニー修道院］…教会刷新運動の中心 ○ ［シトー修道会］…大開墾運動の中心 ○ 托鉢修道会…フランチェスコ修道会（イタリア），ドミニコ修道会（南フランス）
神学	○ ［スコラ学］…中世ヨーロッパのキリスト教神学 ○ 実在論…スコラ哲学の一理論で，神や普遍という観念は，事物に先行して存在するという 　　もの。カンタベリ大司教で「スコラ学の父」とされるアンセルムスが代表 ○ 唯名論…スコラ哲学の一理論で，実在するものは個々の事物だけで，神や普遍というもの 　　は抽象（名だけ）にすぎないとして実在論と対立。フランスのアベラールが代表 ○ 普遍論争…スコラ哲学における実在論と唯名論の対立 ○ ［トマス=アクィナス］…イタリアのスコラ学者。スコラ哲学を大成。『神学大全』 ○ ロジャー=ベーコン…イギリスの自然科学者・スコラ学者。実験と観察の重要性を説く
大学	○ ［ボローニャ大学］…北イタリア。［法学］で有名。現存する最古の大学 ○ ［サレルノ大学］…南イタリア。中世最古の大学の一つ。［医学］で有名 ○ ［パリ大学］…フランス。ノートルダム大聖堂付属神学校より昇格。［神学］の最高権威 ○ オクスフォード大学…イギリス。パリ大学を模範に成立。イギリス神学の中心 ○ ケンブリッジ大学…イギリス。1209年，オクスフォード大学の教師・学生が移って設立 ○ プラハ大学…1348年設立の東欧最古の大学。神聖ローマ皇帝カール4世の発議により設立
教会建築	○ ［ビザンツ様式］…ビザンツ帝国の教会の建築様式。ドーム（丸屋根）と内壁のモザイク壁 　　画が特徴。北イタリアのラヴェンナのサン=ヴィターレ聖堂が代表 ○ ［ロマネスク様式］…南フランス・イタリアから西欧に広がる。半円状アーチを多く使用し， 　　厚い壁と小さな窓が特徴。イタリアのピサ大聖堂が代表 ○ ［ゴシック様式］…北フランスから西欧に広がる。高い塔とステンドグラスが特徴。フラン 　　スのパリのノートルダム大聖堂が代表
文学	○ ［騎士道文学］…騎士を主題とした歌謡物語。中世文学の花形 ○ 『ローランの歌』…11世紀末，北フランスで成立。カール大帝の対イスラーム戦を舞台に， 　　騎士ローランの武功と友情と恋をうたう ○ 『アーサー王物語』…ケルト系ブリトン人の伝説的な英雄アーサー王を中心とした一連の 　　騎士道物語。12世紀頃成立した口語文学

▲ピサ大聖堂
　代表的なロマネスク様式の大聖堂。大聖堂の後ろにあるのが鐘楼で，ピサの斜塔と呼ばれる。

▲ノートルダム大聖堂
　代表的なゴシック建築の大聖堂。パリのセーヌ川の中州であるシテ島にある。

MY MEMO

KEYWORD
自分がまちがえやすい用語をメモしておこう！

CHAPTER 05

近代社会の成立と発展

◎ **大航海時代**の要因としては [01] の [02] によるアジアに対する関心の高まりや [03] の改良，アジアと [04] を直接取引することであがる莫大な利益などがある。……………………

◎ ポルトガルはアジアへ進出していった。[05] 航海王子はアフリカ西海岸まで探検隊を派遣し，[06] はアフリカ南端の [07] に，そして [08] はインド西岸の [09] に到達した。[10] は1500年，**ブラジル**に到達し，この地をポルトガル領とした。首都 [11] は一時世界商業の中心となった。………

◎ スペインは新大陸へ進出していった。イタリア生まれの [12] は [13] の**地球球体説**を信じて女王 [14] の援助で1492年，新大陸に到達した。イタリア人 [15] は新大陸がアジアでないと確信し，アメリカの名称のもとになった。スペインの探検家 [16] は1513年，**パナマ地峡**を横断して [17] を発見した。ポルトガル人の [18] はフィリピンで戦死するが，部下が世界一周に成功した。[19] は1521年，メキシコの [20] 王国を，[21] は1533年，ペルーの [22] 帝国をそれぞれ征服した。………………………………………

◎ 大航海時代になると商業の中心地が地中海から大西洋へ移った。これを [23] 革命と呼ぶ。また新大陸からの [24] によってヨーロッパの物価が約2〜3倍になるという [25] 革命が発生した。スペインとポルトガルによる世界分割も進み，1493年，教皇 [26] は**植民地分界線（教皇子午線）**を設定。1494年には前年の植民地分界線を西方へ移動する [27] 条約線を設定。1529年の [28] 条約では太平洋における勢力範囲の境界を決定した。………………

◎ ラテンアメリカのスペイン植民地において1503年から採用された土地制度で，植民者に征服地の統治を任せるというものを [29] 制といい，それに代わって17〜18世紀に発展した大農園制を [30] 制という。………………

01 マルコ＝ポーロ
02 『世界の記述』（『東方見聞録』）
03 羅針盤
04 香辛料
05 エンリケ
06 バルトロメウ＝ディアス
07 喜望峰
08 ヴァスコ＝ダ＝ガマ
09 カリカット
10 カブラル
11 リスボン
12 コロンブス
13 トスカネリ
14 イサベル
15 アメリゴ＝ヴェスプッチ
16 バルボア
17 太平洋
18 マゼラン
19 コルテス
20 アステカ
21 ピサロ
22 インカ
23 商業
24 銀
25 価格
26 アレクサンデル6世
27 トルデシリャス
28 サラゴサ
29 エンコミエンダ
30 アシエンダ

✐ | 大航海時代のまとめ

大航海時代の要因

①［マルコ＝ポーロ］の『世界の記述』（『東方見聞録』）　②［羅針盤］の改良
③アジアの［香辛料］を直接取引したい

スペイン ⇒ 新大陸へ

- ［コロンブス］… 新大陸到達
- ［アメリゴ＝ヴェスプッチ］
  … 新大陸はアジアではないと確信
- ［バルボア］… パナマ地峡を横断して太
  　　　　　　平洋を発見
- ［マゼラン］（ポルトガル人）… 世界一周
- ［コルテス］… メキシコのアステカ王国を征服
- ［ピサロ］… ペルーのインカ帝国を征服

ポルトガル ⇒ アジアへ

- ［エンリケ航海王子］… アフリカ西岸探検
- ［バルトロメウ＝ディアス］
  … アフリカ南端の喜望峰
- ［ヴァスコ＝ダ＝ガマ］
  … インド西岸のカリカット（インド航路）
- ［カブラル］… ブラジルに漂着
  ➡ ポルトガル領
- 首都リスボン…世界商業の中心

ラテンアメリカのスペイン植民地

- 1503年〜エンコミエンダ制
  ➡ 17〜18世紀，［アシエンダ制］に
- ドミニコ派修道士［ラス＝カサス］
  … インディオの救済に努める
- 銀山開発…ボリビアの［ポトシ銀山］など
- アジアでは［フィリピン］のみ領有

インド航路開拓以降のポルトガル

- 1510年，インドの［ゴア］占領
  ➡ 1511年，マレー半島のマラッカ王国占領
  ➡ 1517年，中国の［マカオ］来航
  ➡ 1543年，日本の種子島に漂着
- ラテンアメリカでは［ブラジル］のみ領有

世界分割

- 1493年，［植民地分界線］（［教皇子午線］）…教皇アレクサンデル6世
- 1494年，［トルデシリャス条約］…前年の分界線を西方へ移動
- 1529年，［サラゴサ条約］…太平洋の勢力圏の境界

大航海時代の影響

- ［商業革命］…商業の中心が地中海から大西洋へ
- ［価格革命］…新大陸からの銀によってヨーロッパの物価約3倍

🔍 | 大航海時代の航海と探検MAP

5分で流れをチェック

◎ ルネサンスとはフランス語の［01］を意味する言葉で，根本精神は［02］または**ヒューマニズム**で［03］から始まり西欧に広がった。‥‥‥‥‥‥‥‥‥‥‥‥‥‥‥‥‥

◎ イタリア＝ルネサンスの先駆者が［04］で『**神曲**』は［05］語で書かれた大叙事詩である。［06］の『**デカメロン**』は近代小説の先駆けとされている。ルネサンス絵画の先駆けとされるのが［07］で，イタリアの画家としては「**ヴィーナスの誕生**」を描いた［08］や「**モナ＝リザ**」を描いた［09］，「**最後の審判**」「**天地創造**」を描いた［10］，「**アテネの学堂**」を描いた［11］などをあげることができる。近代政治学の先駆的作品とされるのが［12］の『**君主論**』である。建築家としてはフィレンツェの**サンタ＝マリア大聖堂**の大円蓋を設計・完成させた［13］，**サン＝ピエトロ大聖堂**の最初の設計者［14］などが代表である。‥‥‥‥‥‥‥‥‥‥‥‥

◎ ネーデルラント生まれの［15］は『**愚神礼賛**(ぐしんらいさん)』を著しカトリックの腐敗を鋭く風刺した。フランドル派を代表する画家が［16］である。「**四人の使徒**」を描いた［17］はドイツ＝ルネサンスの先駆的画家とされ，同じくドイツ出身の［18］は「**エラスムス像**」を描いた。フランス＝ルネサンス期の代表的作家が『**ガルガンチュアとパンタグリュエルの物語**』を書いた［19］で，フランスの人文主義者［20］は『**随想録**』（『**エセー**』）で社会や人間について深く省察している。スペイン文学史上最大の作家のひとりが［21］で代表作は［22］である。イギリス最大の劇作家が［23］である。‥‥‥‥‥‥‥‥‥

◎ ルネサンスの三大発明が，1381年，南ドイツで出現した**火器**である［24］，大航海を可能とした［25］，1450年頃，ドイツの［26］が改良した［27］である。ポーランドの［28］は天体観測に基づいて**地動説**を主張し，イタリア人の［29］は望遠鏡で木星の衛星を観測し，ドイツ人の［30］は**惑星運行の法則**（ケプラーの3法則）を発見した。‥‥‥‥‥‥

イタリア=ルネサンスのまとめ

文学	○［ダンテ］『神曲』…1304 ～ 21 年の作。トスカナ語の大叙事詩 ○［ボッカチオ］『デカメロン』…1348 ～ 53 年の作。近代小説の先駆
絵画	○［ジョット］「聖フランチェスコの生涯」…ルネサンス絵画の先駆け ○［ボッティチェリ］「ヴィーナスの誕生」・「春」 ○［レオナルド=ダ=ヴィンチ］「最後の晩餐」・「モナ=リザ」 ○［ミケランジェロ］「天地創造」・「最後の審判」 ○［ラファエロ］「カルデリーノの聖母」・「アテネの学堂」
思想	○［マキァヴェリ］『君主論』…1513 年頃。近代政治学の先駆的作品
教会建築	○［ブルネレスキ］「サンタ=マリア大聖堂」（フィレンツェ） ○［ブラマンテ］「サン=ピエトロ大聖堂」（ローマ）の最初の設計者

西欧各国のルネサンスのまとめ

ネーデルラント	○［エラスムス］『愚神礼賛』1509 年 ○ファン=アイク兄弟…フランドル派の代表的な画家
ドイツ	○［デューラー］「四人の使徒」…ドイツ=ルネサンスの先駆的画家 ○［ホルバイン］「エラスムス像」…ドイツの画家
フランス	○［ラブレー］『ガルガンチュアとパンタグリュエルの物語』1532 ～ 64 年刊 ○［モンテーニュ］『随想録』（『エセー』）1580 ～ 88 年刊
スペイン	○［セルバンテス］『ドン=キホーテ』1605 ～ 16 年
イギリス	○［シェークスピア］『ヴェニスの商人』・『マクベス』・『オセロー』・『ハムレット』・『リア王』

三大発明・天文学

いずれも中国起源で，正確には「改良」。

三大発明	○［鉄砲］…1381 年，南ドイツで出現した火器 ○［羅針盤］…大航海が可能となる ○［活版印刷］…1450 年頃，ドイツのグーテンベルクが発明
天文学	○［コペルニクス］…16 世紀，ポーランド人。天体観測に基づいて地動説を主張。『天球回転論』 ○［ガリレイ］…17 世紀，イタリア人。望遠鏡で木星の衛星を観測して地動説を確信 ○［ケプラー］…17 世紀，ドイツ人。惑星運行に関する「ケプラーの 3 法則」を理論化

◀ボッティチェリ「春」
ウフィツィ美術館蔵

◎ 教皇 [01] がローマのサン＝ピエトロ大聖堂の改築資金を調達するために，ドイツで [02] を発売したのに対し，ヴィッテンベルク大学神学教授**マルティン＝ルター**は [03] を発表した。彼はその後の著作 [04] において [05] という**信仰義認説**を主張した。1521年，神聖ローマ皇帝 [06] は [07] 帝国議会でルター派を禁止した。1524 〜 25年，ルターの影響を受けた [08] を指導者とする**ドイツ農民戦争**が起きたがルターが諸侯側につき，徹底的に弾圧された。その後ルター派諸侯と皇帝との間で [09] 戦争があり，1555年の [10] の和議で諸侯にルター派かカトリックかの選択権が認められた。…………………………………………………………………

◎ カルヴァンがスイスの [11] で神権政治を行うことから**カルヴァン派**が始まった。カルヴァンの主著が [12] で，そこでは人の心の救済は神によってすでに決められているという [13] が主張されている。カルヴァン派はフランスでは [14]，オランダでは [15]，イングランドでは [16]，スコットランドでは [17] と呼ばれた。…………………………………

◎ イギリスの [18] は離婚問題から教皇と衝突し，1534年，[19] によってカトリックから分離して**イギリス国教会**を創設した。[20] は**一般祈禱書**を発布してプロテスタント教義を採用した。[21] は熱烈なカトリック教徒で新教徒を弾圧したが，続く [22] が [23] を発布することでイギリス国教会が確立した。………………………………………………………………

◎ 宗教改革に対抗してカトリック教会側が行った改革運動を [24] という。[25] 公会議では教皇の至上権やカトリック教義を確認し，最初の [26] を制定した。[24] の中心となった修道会が [27] で [28] が中心となって結成され，日本に初めてキリスト教を伝えた [29] も創設に参加した。新旧両宗派の対立による社会的緊張の高まりから [30] などが行われた。……………………………………………………

重要語句
01 レオ10世
02 贖宥状
03 九十五カ条の論題
04 『キリスト者の自由』
05 「人は信仰によってのみ義とされる」
06 カール5世
07 ヴォルムス
08 ミュンツァー
09 シュマルカルデン
10 アウクスブルク
11 ジュネーヴ
12 『キリスト教綱要』
13 予定説
14 ユグノー
15 ゴイセン
16 ピューリタン
17 プレスビテリアン
18 ヘンリ8世
19 首長法(国王至上法)
20 エドワード6世
21 メアリ1世
22 エリザベス1世
23 統一法
24 対抗宗教改革
25 トリエント
26 禁書目録
27 イエズス会
28 イグナティウス＝ロヨラ
29 フランシスコ＝ザビエル
30 「魔女狩り」

ルター派	カルヴァン派	イギリス国教会

ルター派
- マルティン=ルター「[九十五カ条の論題]」
- 贖宥状の販売を批判
- ルターの著作『キリスト者の自由』
  ↓
- ヴォルムス帝国議会でルター派禁止
  ↓
- [ドイツ農民戦争]（ミュンツァー指導）
  ↓
- [シュマルカルデン戦争]
  ↓
- [アウクスブルクの和議]

カルヴァン派
- カルヴァンが [ジュネーヴ]で神権政治
- 主著『[キリスト教綱要]』
  ① [予定説]
  ② 勤労の精神
  ③ 蓄財の肯定
  近代資本主義の労働観の起源

  （分布と呼称）
  フランス…[ユグノー]
  オランダ…[ゴイセン]
  イングランド…[ピューリタン]
  スコットランド…[プレスビテリアン]

イギリス国教会
- ヘンリ8世の離婚問題から教皇と衝突
  ↓
- 1534年，[首長法（国王至上法）]…イギリス国教会成立
  ↓
- エドワード6世…一般祈禱書
  ↓
- [メアリ1世]…カトリック復活
  ↓
- [エリザベス1世]…[統一法]
  イギリス国教会確立

対抗宗教改革
- [トリエント公会議]（1545～63）…教皇至上権やカトリックの教義の確認，禁書目録の制定，宗教裁判の強化 → 「魔女狩り」
- [イエズス会]…1534年，イグナティウス=ロヨラらがパリで結成。フランシスコ=ザビエルも創設時から参加

🔍 | カルヴァン派とルター派の広がりMAP

スコットランド王国
[プレスビテリアン]
ネーデルラント
[ゴイセン]
イングランド王国
[ピューリタン]
神聖ローマ帝国
○ シュマルカルデン
ヴォルムス
○ アウクスブルク
フランス王国
[ユグノー]
○ チューリヒ
ジェネーヴ
ローマ ○

■ プロテスタント
■ カトリック
← カルヴァン派
← ルター派

▲ルター

▲カルヴァン

5分で流れをチェック

重要語句

16 〜 18世紀のヨーロッパにおいて [01] 国家の形成期に現れた，王権を絶対視する政治体制を [02] という。[03] 貴族として寄生した存在となった貴族や教会などと，[04] 主義政策のために [05] が付与された [05] 商人とのバランスの上に王は絶対君主として君臨した。国王を支えた2つの組織が国家行政事務を担当する役人集団である [06] と平時から設置された軍隊である [07] であった。国王の地位は神から与えられているという [08] が思想面からこれを支えた。……………………

ハプスブルク家と [09] 朝フランスがイタリアで争い，諸国を巻き込んだ戦争を [10] 戦争という。1494年，フランス王 [11] のイタリア侵入で始まり，16世紀のフランス王 [12] と神聖ローマ皇帝 [13] の時代に戦いは激化した。1559年の [14] 条約で和議が成立したが，これが [01] 国家成立の契機になったとされている。……………………

[15] 家出身のスペイン王 [16] は1519年，神聖ローマ皇帝を兼任し，[13] と称した。彼の治世にオスマン帝国による第1次 [17] 包囲を受け，スペイン・ヴェネツィア・ローマ教皇連合艦隊がオスマン帝国海軍に [18] 海戦で敗れている。彼の子の [19] がスペイン王国全盛時代で，[20] の海戦でオスマン帝国艦隊を撃破し，[21] を併合してスペインは [22] と呼ばれた。……………………

オランダ（ネーデルラント）は [19] の支配領であったが，[23] 工業と中継貿易が発達し，[24] と呼ばれたカルヴァン派が多かったため，1568年，[25] を首領として独立戦争が開始された。スペイン側の懐柔策によって旧教徒の多い南部10州が離反したが，北部7州は [26] 同盟を結び抗戦を続け，1581年，[27] の独立を宣言した。オランダは1648年の [28] 条約で国際的に承認され，首都 [29] は世界の商業・金融の中心であった。……………………

01	主権
02	絶対王政
03	宮廷
04	重商
05	特権
06	官僚
07	常備軍
08	王権神授説
09	ヴァロワ
10	イタリア
11	シャルル8世
12	フランソワ1世
13	カール5世
14	カトー=カンブレジ
15	ハプスブルク
16	カルロス1世
17	ウィーン
18	プレヴェザ
19	フェリペ2世
20	レパント
21	ポルトガル
22	「太陽の沈まぬ国」
23	毛織物
24	ゴイセン
25	オラニエ公ウィレム
26	ユトレヒト
27	ネーデルラント連邦共和国
28	ウェストファリア
29	アムステルダム

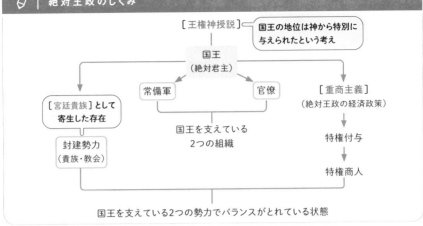

絶対王政のしくみ

[王権神授説] ── 国王の地位は神から特別に与えられたという考え

国王（絶対君主）

[宮廷貴族]として寄生した存在 ← 封建勢力（貴族・教会）

常備軍　官僚 ── 国王を支えている2つの組織

[重商主義]（絶対王政の経済政策）── 特権付与 → 特権商人

国王を支えている2つの勢力でバランスがとれている状態

スペイン＝ハプスブルク家

カルロス1世	○ 神聖ローマ皇帝 [カール5世] ○ オスマン帝国による第1次 [ウィーン包囲] ○ [プレヴェザ海戦] でオスマン帝国海軍に敗北
フェリペ2世	○ スペイン王国全盛時代「太陽の沈まぬ国」 ○ [レパントの海戦] でオスマン帝国艦隊撃破 ○ [ポルトガル] 併合

オランダ独立戦争の流れ

1568年	○ [オラニエ公ウィレム] を首領として独立戦争開始
1579年	○ 南部10州が独立戦争から離脱
1579年	○ 北部7州が [ユトレヒト同盟]
1581年	○ 独立宣言 ○ 首都 [アムステルダム] …世界の商業・金融の中心
1648年	○ [ウェストファリア条約] で国際承認

Q ── 18世紀半ばのヨーロッパMAP

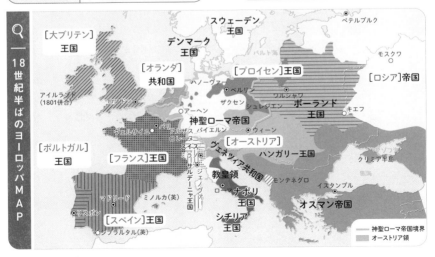

◉ **ヴァロワ朝**のフランスでは [01] が10歳で王となったために母 [02] が摂政となり，その治世下で [03] 戦争が発生した。1572年8月には旧教徒が新教徒を虐殺するという [04] の虐殺事件が発生した。その後，ヴァロワ朝は断絶し，ブルボン家の [05] が即位して**ブルボン朝**が誕生した。[05] は即位するにあたって [06] を発布し，[03] に信仰の自由を保障することで [03] 戦争を終結させた。………………

◉ ブルボン朝第2代の [07] は [08] を宰相として三十年戦争に介入し，[09] の招集を停止した。第3代の [10] がフランス絶対王政最盛期で [11] 王と呼ばれた。幼少期の [10] を補佐したのが宰相 [12] で [13] の乱を鎮圧して王権強化に成功している。親政時代になると財務総監の [14] が重商主義政策を進めた。また，ハプスブルク家に対抗して [15] 説を主張してスペイン継承戦争などの対外侵略戦争を盛んに行い，パリ郊外にバロック式の [16] 宮殿を建設した。………………

◉ ドイツでは1555年の [17] の和議で**ルター派**が認められたにもかかわらず，宗教的対立が続いていた。1618年，[18] でカトリック教徒の新王でのちに神聖ローマ皇帝となる [19] に対して新教徒が反乱を起こすことで [20] 戦争が始まった。[21] は同じ**ハプスブルク家**でカトリックである神聖ローマ皇帝側で参戦した。皇帝軍傭兵隊長 [22] とスウェーデン王 [23] が激しく戦い，フランスの宰相 [08] が新教徒を支援して直接介入するなど国際戦争へと展開していった。………………

◉ 1648年の [24] 条約で [20] 戦争は終結した。条約では [25] 派が公認され，スイスと [26] の独立が国際的に承認された。また [27] がフランス領に，[28] がスウェーデン領となり領土を拡大した。神聖ローマ帝国は約300の [29] に分裂し，この条約は別名「神聖ローマ帝国の [30]」と呼ばれている。………………

重要語句
01 シャルル9世
02 カトリーヌ=ド=メディシス
03 ユグノー
04 サンバルテルミ
05 アンリ4世
06 ナントの王令
07 ルイ13世
08 リシュリュー
09 三部会
10 ルイ14世
11 太陽
12 マザラン
13 フロンド
14 コルベール
15 自然国境
16 ヴェルサイユ
17 アウクスブルク
18 ベーメン
19 フェルディナント2世
20 三十年
21 スペイン
22 ヴァレンシュタイン
23 グスタフ=アドルフ
24 ウェストファリア
25 カルヴァン
26 オランダ
27 アルザス
28 西ポンメルン
29 領邦国家
30 死亡診断書

フランスの宗教戦争と絶対王政の確立

ユグノー戦争

- ［ユグノー戦争］（1562～98年）
  ↓
- ［サンバルテルミの虐殺］
  ↓
- ［ヴァロワ朝］の断絶

ブルボン朝の成立

- 初代［アンリ4世］
- ユグノーからカトリックに改宗
  ↓
- ［ナントの王令］でユグノーを認める
  ↓
- ［ユグノー戦争］終結

ルイ14世…太陽王

- 宰相［マザラン］
  ［フロンドの乱］鎮圧
  ↓
- ルイ14世親政時代
- 財務総監［コルベール］
- ヴェルサイユ宮殿

ルイ13世

- 宰相［リシュリュー］
- ［三部会］停止
- ［三十年戦争］に介入

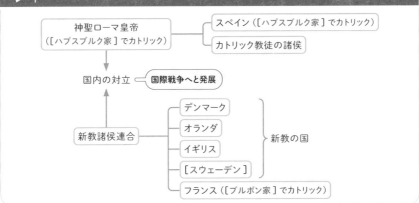

三十年戦争当時の国際関係

神聖ローマ皇帝
（［ハプスブルク家］でカトリック）

スペイン（［ハプスブルク家］でカトリック）

カトリック教徒の諸侯

国内の対立 ― 国際戦争へと発展

新教諸侯連合

- デンマーク
- オランダ
- イギリス
- ［スウェーデン］
  新教の国
- フランス（［ブルボン家］でカトリック）

（筆者撮影）

▲ヴェルサイユ宮殿

5分で流れをチェック

エリザベス1世の没後，スコットランドから王を迎えて [01] 朝が成立した。初代の [02] は**王権神授説**を主張して議会と対立し，カルヴァン派の [03] を弾圧した。続く [04] に対して議会は [05] を提出したが，彼はこれを無視した。しかし，スコットランドの反乱を機に彼は議会を招集。**王党派**と**議会派**の対立から**ピューリタン革命**が勃発した。………

議会派は王との戦いを徹底しようとする [06] 派と立憲王政を目指す [07] 派に分裂。[06] 派の指導者 [08] は**鉄騎隊**を改良した新型軍を率いて [09] の戦いで王党派の軍を撃破した。[08] は [04] を処刑し，[10] を打ち立てた。[08] は**アイルランド**と**スコットランド**を征服し，より急進的であった [11] 派を弾圧し，[12] 法を発布して中継貿易で栄えていた [13] に打撃を与え，第1次イギリス＝ [13] 戦争に勝利した。1653年，彼は [14] となり，厳格な軍事独裁政治を行った。………………………………

[08] の死後，[15] が即位した。これを [16] という。王が専制化したため，議会は王に対して，官吏を [17] に限定するという [18] 法，法によらぬ逮捕・裁判を禁止するという [19] 法を制定した。続く [20] も [21] と絶対王政の復活を目指したため，議会はオランダ総督 [22] とその妻で [20] の娘 [23] を国王とする決議を行った。[20] は亡命し，流血なしに成功したので [24] 革命と呼ばれる。夫妻は**ウィリアム3世**，**メアリ2世**として王位についたが，即位に際して議会の決定した [25] を承認，さらにこれを成文化して [26] として発布した。………………………

1670年代末頃から2つの党派が生まれた。国王の権威を重んじた [27] 党と議会の権利を主張した [28] 党である。1707年，[29] 女王の時にスコットランドと合同して，**大ブリテン王国**が成立した。女王の死により [01] 朝は断絶し，**ハノーヴァー朝**が成立した。初代**ジョージ1世**のときには [28] 党の [30] 首相によって責任内閣制が確立した。………

重要語句

01 ステュアート
02 ジェームズ1世
03 ピューリタン
04 チャールズ1世
05 権利の請願
06 独立
07 長老
08 クロムウェル
09 ネーズビー
10 共和政
11 水平
12 航海
13 オランダ
14 護国卿
15 チャールズ2世
16 王政復古
17 国教徒
18 審査
19 人身保護
20 ジェームズ2世
21 カトリック
22 ウィレム
23 メアリ
24 名誉
25 権利の宣言
26 権利の章典
27 トーリ
28 ホイッグ
29 アン
30 ウォルポール

ジェームズ1世

- スコットランド王
  ↓
- [ステュアート朝]創始
- [王権神授説]主張し
  [議会]と対立
- [ピューリタン]弾圧

チャールズ1世

- [権利の請願]←議会
- スコットランドの反乱
  ↓
  議会を招集
  ↓
  王党派 ←→ 議会派
  ↓
- [ピューリタン革命]

ピューリタン革命

議会派
↓↘
独立派　長老派
↓
指導者[クロムウェル]
↓
- 王党派を破り、国王を処刑
  → [共和政]の成立

ジェームズ2世

- カトリックと絶対王政
  の復活を目指す
  ↓
- 議会はオランダ総督
  ウィレムとその妻メア
  リを王に招く
  ↓
- ジェームズ2世の亡命
  → [名誉革命]

チャールズ2世

- [王政復古]→専制化
  ↓
- [審査法] ← 議会
  人身保護法 ← 議会

共和政

- クロムウェルの政治
- アイルランドとスコットラン
  ドを征服
- 急進的な水平派を弾圧
- [航海法]
  ↓
- [イギリス=オランダ戦争]
- [護国卿]→軍事独裁政治

議会政治の確立

- ウィリアム3世，メアリ2世即位
- 議会の決定した[権利の宣言]を承認
  → [権利の章典]
- 政党の起源（党派の成立）…トーリ党と
  ホイッグ党
- ハノーヴァー朝成立 ← アン女王の死
- 初代ジョージ1世
- ホイッグ党の[ウォルポール]首相
  → [責任内閣制]成立

◀クロムウェル

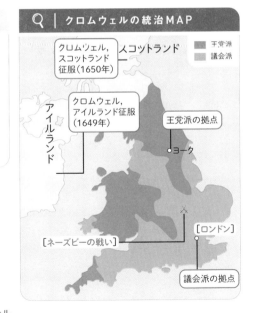

🔍 | クロムウェルの統治MAP

クロムウェル，
スコットランド
征服(1650年)

スコットランド

■ 王党派
■ 議会派

アイルランド

クロムウェル，
アイルランド征服
(1649年)

王党派の拠点

ヨーク

[ネーズビーの戦い]

[ロンドン]

議会派の拠点

⏰ | 5分で流れをチェック

☑ | 重要語句

◉ 北ドイツでは [01] 家の**プロイセン王国**が台頭してオーストリアに次ぐ強国となった。第2代の [02] は絶対王政の基礎を確立し，第3代 [03] は大王と呼ばれ，絶対王政を確立した。1740年，オーストリアの [04] が [05] 家を継承するとプロイセンなどとの間でオーストリア継承戦争が始まった。[03] は [06] 地方を占領して勝利し，[07] の和約で [06] 地方の領有が認められた。⋯⋯⋯⋯⋯⋯⋯⋯

◉ [04] は [06] 地方の奪還を目指してプロイセンを孤立させるために [08] と同盟を結んだ。これを [09] という。こうして始まった [10] 戦争ではプロイセンは苦戦したが [11] 約で終結し，プロイセンは [06] 地方を確保した。東ヨーロッパでは市民層の成長が不十分であったため，上からの近代化が必要で，こうした国の君主を [12] 君主という。プロイセンでは [13] と呼ばれた領主貴族によって [14] 制は強化された。[04] の子の [15] は [14] の人格的自由を認めた [16] や非カトリック教徒信仰の自由を認めた [17] などの，上からの近代化に努めた。⋯⋯⋯⋯⋯⋯

◉ ロシア最後の王朝が [18] を初代とする [19] 朝である。この王朝は [14] 制を強化したため [20] の乱という農民反乱が発生している。[21] は大帝と呼ばれ，自ら西欧視察を行い，ロシアの近代化，西欧化に努めた。中国の清朝の [22] 帝と [23] 条約を結び，国境を定め，南方の [24] 帝国を圧迫して，一時アゾフ海に進出した。またスウェーデンの [25] を [26] 戦争で破ってバルト海に進出し，その沿岸に [27] を建設してそこに首都を移転した。女帝であった [28] は，日本へ使節として [29] を派遣した。[14] 制強化に対して [30] の農民反乱が発生したが，これを鎮圧した。彼女の治世に**アメリカ独立革命**，**フランス革命**，**ポーランド分割**などが起きている。⋯⋯⋯⋯⋯⋯⋯⋯

重要語句

01 ホーエンツォレルン
02 フリードリヒ=ヴィルヘルム1世
03 フリードリヒ2世
04 マリア=テレジア
05 ハプスブルク
06 シュレジエン
07 アーヘン
08 フランス
09 外交革命
10 七年
11 フベルトゥスブルク
12 啓蒙専制
13 ユンカー
14 農奴
15 ヨーゼフ2世
16 農奴解放令
17 宗教寛容令
18 ミハイル=ロマノフ
19 ロマノフ
20 ステンカ=ラージン
21 ピョートル1世
22 康熙
23 ネルチンスク
24 オスマン
25 カール12世
26 北方
27 ペテルブルク
28 エカチェリーナ2世
29 ラクスマン
30 プガチョフ

プロイセン	オーストリア	ロシア
○ ブランデンブルク選帝侯国	○ 1278 年以降，ハブスブルク家領	○ ロマノフ朝（1613〜1917）
（ホーエンツォレルン家）とプロイセン	○ 1438 年以降，ハブスブルク家	初代 [ミハイル=ロマノフ]
公国が合併（1618 年）	は神聖ローマ皇帝位を世襲	○ [ステンカ=ラージンの乱]（1667〜71年）
↓		○ [ピョートル1世]（位1682〜1725）大帝
○ [プロイセン王国] 成立（1701 年）		○ [ネルチンスク条約]（1689年）
○ 2代フリードリヒ=ヴィルヘルム1世		● 西欧視察（1697〜98年）
○ 3代 [フリードリヒ2世]	↓	○ [北方戦争]（1700〜21年）
（位1740〜86）大王	○ [マリア=テレジア]（位1740〜80）	○ [ニスタット条約]（1721年）
		○ [キャフタ条約]（1727年）

勝 ─ [オーストリア継承戦争]（1740〜48） ─ 負

○ [シュレジエン地方] 獲得	○ 外交革命	

　　　　　　　　↘ 外交革命

勝 ─ [七年戦争]（1756〜63） ─ 負

		○ [エカチェリーナ2世]（位1762〜96）
○ [シュレジエン地方] 領有確定		
	○ [ヨーゼフ2世]（位1765〜90）	

第1回 [ポーランド] 分割…ロシア・プロイセン・オーストリアがそれぞれ国境に近いポーランド領を奪う（1772年）

○ 1773〜75年, [プガチョフの農民反乱]

■ 1462年のモスクワ大公国
（イヴァン3世即位時）
■ 1613年までの獲得
（ロマノフ朝成立時）
■ 1682年までの獲得
（ピョートル1世即位時）
■ 1725年までの獲得
（ピョートル1世時代まで）
■ 1762年までの獲得
（エカチェリーナ2世即位時）
■ 1796年までの獲得
（エカチェリーナ2世時代まで）

1721
[ニスタット条約]

1773〜75
[プガチョフの乱]

1689
[ネルチンスク条約] 国境線

1670〜71
[ステンカ=ラージンの乱]

1727
[キャフタ条約] 国境線

5分で流れをチェック

◎ アジアにおいてはポルトガルが1510年，インドの［01］を占領して，1511年には［02］を占領，1543年には日本の［03］に漂着している。1557年にはポルトガルは中国の［04］から［05］の居住権を獲得した。スペインはアジアにおいてはフィリピンを領有し，［06］を拠点にアジア貿易を展開した。オランダは1602年，［07］会社を設立し，ジャワ島の［08］を根拠地にした。1623年，［09］事件でインドネシアからイギリスを駆逐した後，オランダ領東インドの基礎を固めた。オランダは日本の鎖国後も対日貿易を許された。イギリスは1600年，［07］会社を設立し，［09］事件後はインド経営に乗り出し，マドラス，ボンベイ，［10］に根拠地を建設した。フランスは1604年に［07］会社を設立したが経営は不振で，1664年の［11］による経営再建後はインドのポンディシェリ，［12］に拠点を建設した。……………………………………

◎ アメリカ大陸においては，スペインがポルトガル領［13］以外のラテンアメリカの大半を植民地として，ボリビアの［14］銀山をはじめとする鉱山開発に努めた。オランダは1621年，［15］会社を設立し，北アメリカ東岸に中心都市［16］を建設した。フランスは17世紀初め，［17］を中心都市として［18］に進出した。ルイ14世の時代には［19］を獲得している。イギリスは17世紀初めに，北米東海岸最初の植民地である［20］を建設し，18世紀前半までに［21］の植民地が形成された。ヨーロッパで［22］継承戦争が起きると並行して北米でアン女王戦争が発生し，［23］条約でイギリスはフランスからニューファンドランド，アカディア，［24］湾地方を獲得した。七年戦争が勃発すると並行して［25］戦争が発生し，［26］条約でイギリスはフランスから［27］川以東の［19］と［18］を獲得し，フランスは北米から撤退した。……

◎ 先住民や黒人［28］を使役して行われた［29］作物栽培のための大農園制のことを［30］という。……………………

重要語句

01 ゴア
02 マラッカ
03 種子島
04 明
05 マカオ
06 マニラ
07 東インド
08 バタヴィア
09 アンボイナ
10 カルカッタ
11 コルベール
12 シャンデルナゴル
13 ブラジル
14 ポトシ
15 西インド
16 ニューアムステルダム
17 ケベック
18 カナダ
19 ルイジアナ
20 ヴァージニア
21 13
22 スペイン
23 ユトレヒト
24 ハドソン
25 フレンチ＝インディアン
26 パリ
27 ミシシッピ
28 奴隷
29 商品
30 プランテーション

国　名	アメリカ大陸	アジア
ポルトガル	○ [ブラジル] を領有	○ インドの [ゴア] 占領 (1510) ➡ マラッカ(1511) ➡ 日本の種子島に漂着(1543) ➡ [マカオ] の居住権 (1557)
スペイン	○ ブラジル以外のラテンアメリカのほぼ全域 ○ ボリビアの[ポトシ銀山]などの鉱山開発	○ [フィリピン] を領有 ([マニラ] が拠点)
オランダ	○ 北アメリカ東岸に中心都市 [ニューアムステルダム]	○ ジャワ島の [バタヴィア] を根拠地 ○ 1623年, [アンボイナ事件] で イギリスを駆逐 ➡ オランダ領東インド 日本の鎖国後も対日貿易を許される
イギリス	○ 17世紀初めに北米東海岸最初の植民地 [ヴァージニア] ○ 18世紀前半までに13植民地形成	○ [アンボイナ事件] 後 ➡ インド経営 ➡ 根拠地マドラス, ボンベイ, カルカッタ
フランス	○ [ケベック] を中心都市として [カナダ] に進出 ○ ルイ14世時代に [ルイジアナ] 獲得	○ インド経営 ➡ 根拠地ポンディシェリ, シャンデルナゴル

植民地戦争	ヨーロッパでの戦争	アメリカ大陸での結果
アン女王戦争 (1702 〜 13)	スペイン継承戦争 (1701 〜 13 (14))	○ [ユトレヒト条約] でイギリスはフランスからニューファンドランド・アカディア・ハドソン湾地方を獲得。
[フレンチ=インディアン]戦争 (1754 〜 63)	七年戦争 (1756 〜 63)	○ パリ条約でイギリスはフランスからカナダ・ミシシッピ川以東のルイジアナ, スペインからフロリダを獲得。

(結果) フランスは, 北アメリカにおけるすべての植民地を喪失 ➡ イギリス植民地帝国確立。

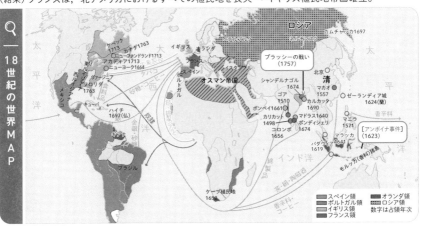

◎ ヨーロッパにおいて17～18世紀は，[01] 革命の時代と呼ばれる。イギリスの [02] は**万有引力の法則**を発見し，近代物理学を確立し，[03] は気体の体積と圧力の関係を解明した [03] の法則で気体力学の基礎を確立した。イギリスの [04] は**血液循環説**をとなえ，スウェーデンの植物学者 [05] は植物分類学を確立した。フランスの [06] は燃焼理論を明らかにし，イギリスの [07] は種痘法（しゅとう）を開発した。……

◎ **帰納法**による考え方を説く**経験論**の祖がイギリスの [08] で，主著は [09]，**演繹法**（えんえき）による**合理論**を説いたのがフランスの [10] で，主著は [11] である。ドイツの [12] が経験論と合理論を統合し，ドイツ [13] を確立した。………………

◎ 自然法思想としてはオランダの [14] の『**海洋自由論**』，イギリスの [15] の『**リヴァイアサン**』，イギリスの [16] の『**統治二論**』（『市民政府二論』）などがある。啓蒙思想としてはいずれもフランスの [17] の『**法の精神**』，[18] の『**哲学書簡**』（『イギリス便り』），[19] の『**社会契約論**』などがある。**重農主義**としてはフランスの [20] の『**経済表**』，古典派経済学としてはイギリスの [21] の『**諸国民の富**』（『国富論』）（こくふろん）がある。……

◎ 17世紀から18世紀初めまで西欧で栄えた美術を [22] 美術と呼び，代表的宮殿としてフランスの**ルイ14世**の命で建設された [23] 宮殿がある。ルイ15世期から革命前にかけて，18世紀フランスを中心に展開した美術が [24] 美術で代表的宮殿として，プロイセンのフリードリヒ2世がベルリン郊外の**ポツダム**に建設した [25] 宮殿がある。……

◎ フランス古典主義文学には悲劇作家の**コルネイユ**，**ラシーヌ**，喜劇作家の [26] などがいる。**ピューリタン文学**としては [27] の『**失楽園**』，[28] の『**天路歴程**』（てんろれきてい）などがある。風刺文学として [29] の『**ロビンソン＝クルーソー**』，[30] の『**ガリヴァー旅行記**』などがある。……

☑ 重要語句

01 科学
02 ニュートン
03 ボイル
04 ハーヴェー
05 リンネ
06 ラヴォワジェ
07 ジェンナー
08 フランシス＝ベーコン
09 『新オルガヌム』
10 デカルト
11 『方法叙説』（ほうほうじょせつ）
12 カント
13 観念論
14 グロティウス
15 ホッブズ
16 ロック
17 モンテスキュー
18 ヴォルテール
19 ルソー
20 ケネー
21 アダム＝スミス
22 バロック
23 ヴェルサイユ
24 ロココ
25 サンスーシ
26 モリエール
27 ミルトン
28 バンヤン
29 デフォー
30 スウィフト

自然科学	○ ［ニュートン］イギリスの物理学者。1665年，万有引力の法則を発見。近代物理学を開く
	○ ［ボイル］イギリスの物理・化学者。1662年ボイルの法則。「近代化学の父」と呼ばれる
	○ ［ハーヴェー］イギリスの生理学者。1628年，血液の循環説
	○ ［リンネ］スウェーデンの分類学者。植物分類学を確立
	○ ［ラヴォワジェ］フランスの化学者。1774年，質量保存の法則
	○ ［ジェンナー］イギリスの医師。1796年，種痘法を開発

	イギリス	○ ［経験論］…観察や実験などの「経験」を重ねてそこから正しい認識を得ようとした
		○ 思考方法…［帰納法］
		○ ［フランシス＝ベーコン］『新オルガヌム』
哲学	フランス	○ ［合理論］…人間の理性を認識の出発点とし，論理的に結論を導き出そうとした
		○ 思考方法…［演繹法］
		○ ［デカルト］『方法叙説』1637年刊。「われ思う，ゆえにわれあり」
	ドイツ	○ ［ドイツ観念論］…［カント］に始まり，［ヘーゲル］に至るドイツ近代哲学の一主流

思想	○ ［自然法］…人間が生まれながらにしてもっていると考えられる権利を保障する法
	○ ［グロティウス］『海洋自由論』『戦争と平和の法』国際法の祖。近代自然法の父。オランダ人
	○ ［社会契約説］…社会も国家も人民相互の契約により成立したとする政治学説
	○ ［ホッブズ］『リヴァイアサン』イギリスの経験論哲学者・政治学者
	○ ［ロック］『統治二論』（『市民政府二論』）イギリスの経験論哲学者・政治学者・啓蒙思想家
	○ ［モンテスキュー］『法の精神』三権分立を主張，フランスの法律家・啓蒙思想家
	○ ［ヴォルテール］『哲学書簡』（『イギリス便り』）フランス啓蒙主義の代表的思想家
	○ ［ルソー］フランスの啓蒙思想家。『人間不平等起源論』，『社会契約論』

経済学	○ ［重農主義］…国家・社会の富の基礎は農業生産にあるとする経済思想
	○ ［ケネー］『経済表』…「重農主義の祖」
	○ ［自由主義経済学］…富の増大のためには経済活動への国家の干渉を排除せよとする経済学
	○ ［アダム＝スミス］『諸国民の富』（『国富論』）1776年刊。古典派経済学の代表作

美術	○ ［バロック美術］…17〜18世紀初めの西欧で栄えた美術
	○ ［ヴェルサイユ宮殿］…ルイ14世が建設。パリ郊外のヴェルサイユ
	○ ［ロココ美術］…ルイ15世期から革命前にかけて，18世紀フランスを中心に展開した美術
	○ ［サンスーシ宮殿］…フリードリヒ2世が建設。ベルリン郊外のポツダム

	フランス	○ ［古典主義文学］…三大劇作家によって17世紀に確立
		○ ［コルネイユ］『ル＝シッド』フランス古典主義を代表する悲劇作家
		○ ［ラシーヌ］『アンドロマック』『フェードル』フランス古典主義を完成させた悲劇作家
		○ ［モリエール］『タルチュフ』・『人間嫌い』フランス古典主義の喜劇作家
文学	イギリス	○ ［ピューリタン文学］…17世紀後半の動乱のイギリスに続出
		○ ［ミルトン］『失楽園』1667年刊の大叙事詩
		○ ［バンヤン］『天路歴程』2部作で1678，84年刊
		○ ［デフォー］『ロビンソン＝クルーソー』
		○ ［スウィフト］『ガリヴァー旅行記』

◉ 世界最初の産業革命がイギリスから発生した背景としてイギリス国内に [01] や鉄鉱石などの地下資源が豊富にあったこと，大西洋 [02] 貿易による**綿花**の輸入，18世紀に黒人 [03] 貿易を独占したことによる莫大な利益，18世紀の [04] 革命や18世紀〜19世紀の第2次 [05] による豊富な労働力などをあげることができる。……………………

◉ イギリスの産業革命は [06] を中心に [07] 工業の分野から始まった。織布部門の発明としては1733年の [08] の**飛び杼**，1785年の [09] の**力織機**がある。紡績機の発明としては1764年頃の [10] の**ジェニー紡績機**，1769年の [11] の**水力紡績機**，1779年の [12] の**ミュール紡績機**などがある。……………………

◉ 蒸気機関は1712年，[13] により炭鉱の排水ポンプとして実用化され，1769年，[14] によって大幅に改良された。蒸気機関車は1804年，[15] が最初の軌道式蒸気機関車を開発し，1814年に [16] が実用的な蒸気機関車を開発した。1807年，アメリカの発明家 [17] は世界最初の**外輪式蒸気船**の建造に成功した。綿花生産が盛んなアメリカでは1793年，[18] が**綿繰機**を発明した。製鉄の分野では1709年，[19] が**コークス製鉄法**を発明している。…………

◉ 産業革命の結果，イギリスは [20] の地位を得，その後，産業革命は各国へ波及していった。[21] は独立と同時にイギリスに次いで産業革命を達成し，[22] は**七月革命**後，[23] は**ドイツ関税同盟**後，[24] は**南北戦争**後，[25] は**日清・日露戦争**後にそれぞれ産業革命を達成した。[26] は1890年代からフランス資本の流入で本格化していった。……

◉ 生産手段を所有し，労働力を購入して商品生産を行い利潤を得る人々を [27] と呼ぶ。[27] に雇用され働く人々を [28] と呼び，労働条件の改善を目的に [29] を結成した。労働問題や社会問題の解決を目指す [30] 思想が生まれた。……………………

01 石炭
02 三角
03 奴隷
04 農業
05 囲い込み
06 マンチェスター
07 木綿
08 ジョン＝ケイ
09 カートライト
10 ハーグリーヴズ
11 アークライト
12 クロンプトン
13 ニューコメン
14 ワット
15 トレヴィシック
16 スティーヴンソン
17 フルトン
18 ホイットニー
19 ダービー（父）
20 「世界の工場」
21 ベルギー
22 フランス
23 ドイツ
24 アメリカ
25 日本
26 ロシア
27 資本家
28 労働者
29 労働組合
30 社会主義

📄 産業革命における主な発明

部　　門	年　代	発　明　者	発　　　　　　　明
紡　　績 （糸を紡ぐ）	1764頃	［ハーグリーヴズ］	ジェニー紡績機（多軸紡績機）
	1769	［アークライト］	水力紡績機
	1779	［クロンプトン］	ミュール紡績機
織　　布 （布を織る）	1733	［ジョン=ケイ］	飛び杼
	1785	［カートライト］	力織機
綿繰機	1793	［ホイットニー］	綿繰機
蒸気機関	1712	［ニューコメン］	炭鉱の排水ポンプとして実用化
	1769	［ワット］	蒸気機関の大幅な改良
製　　鉄	1709	［ダービー］（父）	コークス製鉄法を発明
蒸気船	1807	［フルトン］	世界最初の外輪式蒸気船
蒸気機関車	1804	［トレヴィシック］	最初の軌道式蒸気機関車
	1814	［スティーヴンソン］	実用蒸気機関車

📄 各国の産業革命まとめ

国	発　展　の　内　容
［ベルギー］	○ 鉄・石炭などの資源に恵まれ，1830年の独立後からイギリスの影響も受け，繊維工業・製鉄業・機械工業などで産業革命が進展した
［フランス］	○ 1830年代の七月革命期から本格的に進展。資本と労働力が不足したため，緩やかに進展した
［アメリカ］	○ 1830年代，木綿工業・金属機械工業を中心に産業革命が本格化し，60年代の南北戦争によって国内市場が統一され，産業革命完成
［ドイツ］	○ 1834年にドイツ関税同盟が結成されて経済的統一が進むと，1840年代から工業化が進展。ドイツ統一後，重化学工業発達
［ロシア］	○ 1861年の農奴解放令以降，フランスなどの資本と技術の導入で徐々に進展。1890年代からは重化学工業が急速に発展
［日本］	○ 日清戦争前後に軽工業を中心に産業革命が本格化。日露戦争前後に軍需部門を中心に重工業が発達

鉄道発祥の地ダーリントン旧駅舎に保存されている ▶
スティーヴンソンの蒸気機関車ロコモーション号

5分で流れをチェック

◎ イギリス13植民地で最初に建設されたのが1607年建設の[01]で，1620年にはイギリスの[02]の弾圧から逃れ，[03]号に乗った102名の**ピルグリム＝ファーザーズ**が[04]に上陸している。13植民地の最後が1732年建設の[05]であった。これらの植民地は本国から一定の自治を認められ[06]が設置されていた。南部では黒人[07]の労働力による大農園である[08]が発達していた。⋯⋯⋯⋯⋯⋯⋯⋯⋯⋯

◎ イギリスは1763年，[09]戦争で[10]との植民地戦争に最終的に勝利したが負債を抱え，植民地への課税を強化した。1765年の[11]法に対して，植民地側は**「代表なくして課税なし」**と主張して反発し，翌年撤回となった。1773年の[12]法に対しては[13]事件が発生した。1774年，植民地側は[14]で**第1回大陸会議**を開き，本国に抗議した。1775年，[15]の戦いで独立戦争が開始されると，**第2回大陸会議**で[16]を総司令官に任命した。⋯⋯⋯⋯⋯

◎ 1776年，[17]が『**コモン＝センス**』を著すと，独立への機運が一気に高まった。1776年7月4日，**独立宣言**が発表された。これは[18]が中心となって起草されたもので，[19]の**自然法思想**が基盤となっていた。1777年の[20]の戦いで植民地軍が優勢となり，駐仏公使[21]のヨーロッパ遊説で[10]からの援助を実現させた。ロシアの女帝[22]は1780年，[23]を成立させ，イギリスは国際的に孤立することになった。1781年，[24]の戦いで植民地側の勝利が確定した。⋯⋯⋯⋯⋯⋯⋯⋯⋯⋯⋯⋯⋯

◎ 1783年，[25]条約で，イギリスはアメリカの独立を承認し，[26]川以東の[27]を割譲することになった。1787年，[14]の**憲法制定会議**で**合衆国憲法**が制定された。合衆国憲法は国家の政治のあり方を決める権利は人民にあるとする[28]，各州に自治を認めつつ，中央集権を強化する[29]，行政・立法・司法の3権を分立させる[30]の3点を特徴とした。⋯⋯⋯⋯⋯⋯⋯⋯⋯⋯⋯⋯⋯⋯⋯⋯⋯⋯⋯

01 ヴァージニア
02 ジェームズ1世
03 メイフラワー
04 プリマス
05 ジョージア
06 植民地議会
07 奴隷
08 プランテーション
09 フレンチ＝インディアン
10 フランス
11 印紙
12 茶
13 ボストン茶会
14 フィラデルフィア
15 レキシントン
16 ワシントン
17 トマス＝ペイン
18 トマス＝ジェファソン
19 ロック
20 サラトガ
21 フランクリン
22 エカチェリーナ2世
23 武装中立同盟
24 ヨークタウン
25 パリ
26 ミシシッピ
27 ルイジアナ
28 人民主権
29 連邦主義
30 三権分立

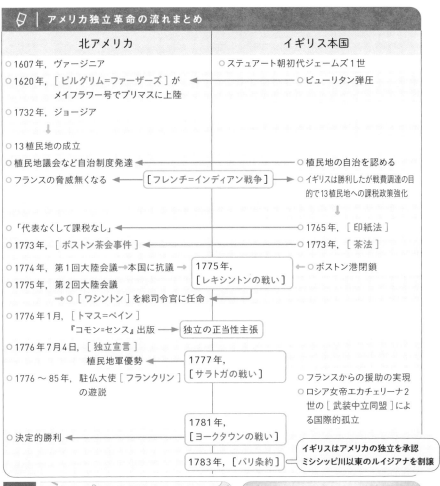

アメリカ独立革命の流れまとめ

北アメリカ	イギリス本国
○ 1607年，ヴァージニア	○ ステュアート朝初代ジェームズ1世
○ 1620年，[ピルグリム=ファーザーズ] が ←	○ ピューリタン弾圧
メイフラワー号でプリマスに上陸	
○ 1732年，ジョージア	
○ 13植民地の成立	
○ 植民地議会など自治制度発達 ←	○ 植民地の自治を認める
○ フランスの脅威無くなる ←　[フレンチ=インディアン戦争] →	○ イギリスは勝利したが戦費調達の目的で13植民地への課税政策強化
○ 「代表なくして課税なし」 ←	○ 1765年，[印紙法]
○ 1773年，[ボストン茶会事件] ←	○ 1773年，[茶法]
○ 1774年，第1回大陸会議 → 本国に抗議	1775年，[レキシントンの戦い] ← ○ ボストン港閉鎖
○ 1775年，第2回大陸会議	
→ ○ [ワシントン] を総司令官に任命 ←	
○ 1776年1月，[トマス=ペイン]	
『コモン=センス』出版 → 独立の正当性主張	
○ 1776年7月4日，[独立宣言]	
植民地軍優勢 ← 1777年，[サラトガの戦い]	
○ 1776〜85年，駐仏大使 [フランクリン] の遊説	○ フランスからの援助の実現 ○ ロシア女帝エカチェリーナ2世の [武装中立同盟] による国際的孤立
○ 決定的勝利 ← 1781年，[ヨークタウンの戦い]	
1783年，[パリ条約] ←	**イギリスはアメリカの独立を承認 ミシシッピ川以東のルイジアナを割譲**

独立時の13州とアメリカ合衆国MAP

▲ボストン茶会事件（ワシントン，アメリカ議会図書館蔵）

44 フランス革命

🕐 5分で流れをチェック

☑ 重要語句

🉐 革命前の政治・社会体制を［ 01 ］といい，第一身分が［ 02 ］，第二身分が［ 03 ］，第三身分が［ 04 ］となっていた。［ 05 ］は**「第三身分とは何か」**を著し，第三身分の権利を主張した。国家財政の悪化から**ルイ16世**は重農主義者の［ 06 ］や銀行家の［ 07 ］を蔵相に任命して財政改革を実施しようとしたが失敗した。1789年5月，［ 08 ］が招集されたが議決方法をめぐって対立し，第三身分議員が［ 08 ］から分離して［ 09 ］の設立を宣言した。第三身分議員が屋内［ 10 ］に集まり，憲法制定まで［ 09 ］を解散しないことを誓い合った。これを［ 10 ］の誓いという。……………………

🉐 1789年7月14日，［ 11 ］牢獄襲撃から革命が勃発した。［ 09 ］は［ 12 ］の廃止を宣言し，［ 13 ］らが起草した［ 14 ］を発表した。パリの女性たちが［ 15 ］宮殿に乱入し，ルイ16世一家をパリに連行するという［ 15 ］行進が発生した。国王一家は**オーストリア**に逃亡しようとして［ 16 ］事件を起こしたが失敗した。**神聖ローマ皇帝レオポルト2世**らは［ 17 ］宣言で国王一家の救援を呼びかけた。……………………

🉐 憲法が制定されて［ 09 ］は解散し，かわって［ 18 ］が開かれた。［ 19 ］派内閣が誕生し，オーストリアに宣戦布告をした。パリ民衆や義勇兵は国王を襲撃するという［ 20 ］事件を起こし，議会は王権の停止を宣言した。……………………

🉐 初の男子普通選挙によって［ 21 ］が開かれた。［ 22 ］の戦いでフランス軍がオーストリア・プロイセン連合軍に初めて勝利した。［ 21 ］の主導権を握ったのは［ 23 ］派で［ 24 ］を中心とする**公安委員会**が［ 25 ］を行った。ルイ16世が処刑されるとイギリス首相［ 26 ］の呼びかけで第1回［ 27 ］が結成された。［ 25 ］では［ 28 ］の無償廃止が行われ，経済統制法として［ 29 ］が出された。これによって革命の目的は達成されたが，農民は保守化し，商工業者は反発した。［ 30 ］のクーデタで［ 24 ］らは処刑され，［ 25 ］が終わった。………

🔖 | アンシャン゠レジーム（旧制度）のまとめ

身　　分	人口（約2500万）の比率		土地所有の比率		その他
第一身分（聖職者）	0.5%（約12万人）		10%		官職独占
第二身分（貴族）	1.5%（約40万人）		20%		免税の特権
第三身分（平民）	98%	市民　13% 農民　85%	市民　25～30% 農民　35～40%		重税と封建的搾取

🔖 | フランス革命の流れまとめ

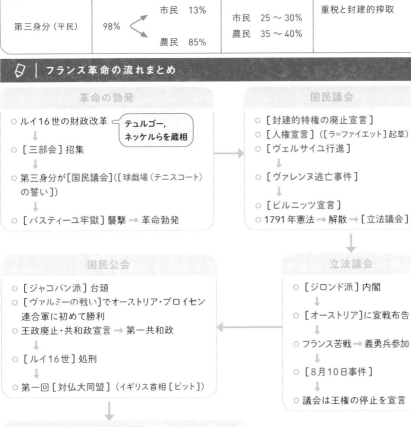

革命の勃発

- ルイ16世の財政改革 ── テュルゴー，ネッケルらを蔵相
- ［三部会］招集
  ↓
- 第三身分が［国民議会］（［球戯場（テニスコート）の誓い］）
  ↓
- ［バスティーユ牢獄］襲撃 → 革命勃発

国民議会

- ［封建的特権の廃止宣言］
- ［人権宣言］（［ラ゠ファイエット］起草）
- ［ヴェルサイユ行進］
  ↓
- ［ヴァレンヌ逃亡事件］
  ↓
- ［ピルニッツ宣言］
- 1791年憲法 → 解散 → ［立法議会］

国民公会

- ［ジャコバン派］台頭
- ［ヴァルミーの戦い］でオーストリア・プロイセン連合軍に初めて勝利
- 王政廃止・共和政宣言 → 第一共和政
- ［ルイ16世］処刑
  ↓
- 第一回［対仏大同盟］（イギリス首相［ピット］）

立法議会

- ［ジロンド派］内閣
  ↓
- ［オーストリア］に宣戦布告
  ↓
- フランス苦戦 → 義勇兵参加
  ↓
- ［8月10日事件］
  ↓
- 議会は王権の停止を宣言

恐怖政治

- ［ジャコバン派］の独裁
  公安委員会を中心とする［ロベスピエール］の独裁
  ↓
- 急進的な改革
  ↓
- ［封建地代の無償廃止］ → 農民保守化
- ［最高価格令］（経済の統制）→ 商工業者反発
  ↓
- ［テルミドール9日のクーデタ］ → ［恐怖政治］終わる

5分で流れをチェック

🌀 1795年憲法に基づいて5人の [01] からなる [01] 政府が誕生した。しかし，亡命貴族や王党派の策動や [02] の共産主義的陰謀などがあり，体制の安定が望まれ，**ナポレオン＝ボナパルト**への期待が高まった。ナポレオンは [03] 遠征でオーストリアとイタリア諸勢力を撃破し，[04] の和約で第1回 [05] を崩壊させた。続いてイギリスと [06] との連絡を絶つ目的で [07] 遠征を行ったが，[08] 湾の戦いに敗北し，帰国した後，[09] のクーデタで [01] 政府を倒して [10] 政府を樹立した。ナポレオンを第一 [10] とする独裁政権であった。…………………………………………

🌀 ナポレオンは1802年，[11] の和約でイギリスと講和し，中央銀行として [12] 銀行を設立し，[13] でローマ教皇と和解し，**ナポレオン法典**（フランス民法典）を制定した。ナポレオンは国民投票で皇帝になり，ナポレオン1世と称した。[14] の海戦でイギリスに敗北したが，[15] の戦いでロシア・オーストリア両軍を撃破した。1806年には [16] 同盟を結成して [17] 帝国を解体し，[18] 条約で**プロイセン**の領土を半減させ，[19] 大公国を建国させた。一方，イギリスに対しては [20] を出して大陸諸国とイギリス間の通商を全面禁止した。…………………………………………

🌀 反ナポレオン運動の展開によってナポレオンは没落していくことになる。[21] 反乱ではナポレオンは最後まで鎮圧できず，プロイセンでは [22] や**ハルデンベルク**による政治改革が行われた。哲学者 [23] は連続講演**「ドイツ国民に告ぐ」**でドイツ人の国民意識を鼓舞した。ドイツの言語学者 [24] は [25] 大学の創設に貢献した。[20] に違反した [26] に対してナポレオンは [26] 遠征を行ったが大敗した。その後，ナポレオンは [27] の戦いに敗北して退位し，[28] 島に幽閉された。**ウィーン会議**が紛糾したすきに，ナポレオンは [28] 島を脱出し，再び皇帝に復位したが，[29] の戦いに敗北し，[30] 島に流刑となった。…………………………

重要語句

01	総裁
02	バブーフ
03	イタリア
04	カンポ＝フォルミオ
05	対仏大同盟
06	インド
07	エジプト
08	アブキール
09	ブリュメール18日
10	統領
11	アミアン
12	フランス
13	宗教協約（コンコルダート）
14	トラファルガー
15	アウステルリッツ
16	ライン
17	神聖ローマ
18	ティルジット
19	ワルシャワ
20	大陸封鎖令
21	スペイン
22	シュタイン
23	フィヒテ
24	フンボルト
25	ベルリン
26	ロシア
27	ライプツィヒ
28	エルバ
29	ワーテルロー
30	セントヘレナ

📖 ナポレオン戦争の流れまとめ

［総裁政府］

- 二院制・五人の総裁・制限選挙
- 亡命貴族・王党派の策動
- ［バブーフ］の共産主義的陰謀
  ↓
- ［ナポレオン=ボナパルト］への期待

ナポレオンの登場

- ［イタリア］遠征 ➡ オーストリア撃破
- ［カンポ=フォルミオの和約］➡ 第1回対仏大同盟崩壊
- ［エジプト］遠征
- ［アブキール湾の戦い］でイギリスに敗北
  ↓
- ［ブリュメール18日のクーデタ］➡ 総裁政府打倒

［第一帝政］

- 皇帝ナポレオン1世
- ［トラファルガーの海戦］でイギリスに敗北
- ［アウステルリッツの戦い］（三帝会戦）でロシア・オーストリア両軍を撃破
- 神聖ローマ帝国解体 ← ［ライン同盟］
- ［ティルジット条約］
- プロイセンの領土半減 ➡ ［ワルシャワ大公国］
- ［大陸封鎖令］

［統領政府］

- ナポレオンが第一統領
- ［アミアンの和約］➡ イギリスと講和
- ［フランス銀行］の設立
- ［宗教協約（コンコルダート）］
  ➡ ローマ教皇と和解
- ［ナポレオン法典］を制定
- 国民投票で皇帝となり［ナポレオン1世］

反ナポレオン運動

- ① ［スペイン］反乱 ➡ 最後まで鎮圧できず
- ② プロイセン改革
- シュタイン・ハルデンベルクの政治改革
- ［フィヒテ］の連続講演「ドイツ国民に告ぐ」
- ［フンボルト］のベルリン大学創設

ナポレオンの没落

- ［ロシア（モスクワ）］遠征に大敗
- ［ライプツィヒの戦い］に敗北
- ナポレオンの退位，［エルバ島］配流
- ［エルバ島］脱出，皇帝復位
- ［ワーテルローの戦い］に敗北し，
- ［セントヘレナ島］に配流

🔍 ナポレオンのヨーロッパ支配MAP

［ワーテルローの戦い］(1815)
イギリス・プロイセン軍などに敗北

［ロシア遠征］(1812)
ロシアの焦土作戦で敗北

［ティルジット条約］(1807)
プロイセン・ロシアに屈辱的講和を強制

［ライプツィヒの戦い］(1813)
ロシア・プロイセン軍などに敗北

［アウステルリッツの戦い］(1805)
ロシア・オーストリア軍に勝利

［トラファルガーの海戦］(1805)
ネルソン率いるイギリス海軍に敗北

フランス帝国
ナポレオンに服属した国
ナポレオンの同盟諸国
ナポレオンの進路

MY MEMO

KEYWORD
自分がまちがえやすい用語をメモしておこう!

CHAPTER 06

19世紀のヨーロッパとアメリカ

5分で流れをチェック

フランス革命とナポレオン戦争の戦後処理のために開催されたのが［01］会議であった。会議の中心人物は議長を務めたオーストリア外相［02］，フランス外相［03］，ロシア皇帝［04］，イギリス外相［05］，プロイセン首相［06］であった。会議の基本原則は［03］が提唱した［07］で，フランス革命前の王朝と旧制度（アンシャン＝レジーム）に戻すというものであった。……………………………………………………

［01］会議の最終議定書として［01］議定書が調印された。フランス，スペインで［08］朝が復活し，［09］皇帝がポーランド国王を兼任した。イギリスは［10］島と［11］植民地を**オランダ**から獲得し，オランダは［12］を，オーストリアは北イタリアを獲得するなど，領土変更がなされた。こうして形成された国家秩序を［01］体制という。……………………………

体制維持のためにロシア皇帝［04］によって提唱された［13］同盟，イギリス，ロシア，オーストリア，プロイセンの軍事同盟からなる［14］同盟が結成された。ドイツでは［15］と呼ばれる大学生組合が結成されたが［02］主導の［16］決議で弾圧された。イタリアでは［17］の反乱があったが［18］軍によって弾圧された。スペインでは復活した［08］朝に対して［19］革命が起きたが［20］軍の干渉で挫折した。ロシアでも［21］の乱が起きたが皇帝［22］が弾圧した。……

［01］体制の動揺は**ラテンアメリカ**と**ギリシア**の独立というかたちでヨーロッパの外から始まった。ラテンアメリカ最初の独立国は［23］が指導して［20］から独立した［24］であった。スペインからの独立は植民地生まれの白人である［25］主導の独立運動が展開された。**大コロンビア共和国**の樹立に成功したのが［26］，**アルゼンチン**，**ペルー**，**チリ**の独立を指導したのが［27］であった。［02］は干渉を企図したが，アメリカ大統領［28］の［28］教書とイギリス外相［29］の独立承認によって挫折した。ギリシアは［30］帝国の支配から独立した。……………………………………………

📙 | ウィーン体制のまとめ

ウィーン会議		ウィーン議定書	
目 的	フランス革命・ナポレオン戦争の処理	フランス	わずかな犠牲, [ブルボン家] の復位
		スペイン	旧領土を回復し, [ブルボン家] が復位
参加国	オスマン帝国を除くヨーロッパ諸国	ロシア	[ポーランド王国] 成立, [ロシア] 皇帝が王位兼任
		プロイセン	領土拡大 (ザクセン北半分・ライン中流域)
議 長	オーストリア外相 [メッテルニヒ]	オーストリア	北イタリアのロンバルディア・ヴェネツィア獲得
		オランダ	立憲王国となり, [ベルギー] をオーストリアから獲得
基本原則	[正統主義]	イギリス	セイロン島・ケープ植民地を [オランダ] から獲得
		スイス	[永世中立国] となる
		ドイツ	35の君主国と4自由市からなる [ドイツ連邦] を組織

ウィーン体制維持のための同盟	ウィーン体制による弾圧	自由主義・国民主義運動
① [神聖同盟] …ロシア皇帝アレクサンドル1世提唱	カールスバート決議でメッテルニヒが弾圧 →	[ブルシェンシャフト] (ドイツ)
	オーストリア軍が弾圧 →	[カルボナリ] (イタリア)
	フランス軍の干渉で挫折 →	スペイン立憲革命
② [四国同盟] …イギリス・ロシア・オーストリア・プロイセン (のちフランス参加で五国同盟)	皇帝ニコライ1世が弾圧 →	[デカブリストの乱] (ロシア)
	← モンロー教書+イギリス外相 [カニング] による独立支持	ラテンアメリカの独立
	← 弾圧できず	ギリシアの独立

🔍 | ウィーン体制下のヨーロッパMAP

⏱ | 5分で流れをチェック

☑ | 重要語句

◉ フランスではブルボン朝の**ルイ18世**に続いて［ 01 ］が即位したが，反動政治を行なったためパリ市民による市街戦でイギリスに亡命した。これが［ 02 ］革命で，その結果［ 03 ］家の［ 04 ］が即位し，［ 02 ］王政がスタートした。［ 02 ］革命の影響として，オランダの支配下から［ 05 ］が独立し，［ 06 ］で反乱が起きたがロシア軍が鎮圧，イタリアでは［ 07 ］が蜂起したがオーストリア軍が鎮圧した。…………………

◉ ［ 02 ］王政では制限選挙撤廃を要求する**改革宴会**を［ 08 ］内閣が禁止したため，パリで暴動が発生し，国王と［ 08 ］がイギリスに亡命した。これが［ 09 ］革命である。この影響で**ウィーン暴動**が発生し［ 10 ］が亡命するという［ 11 ］革命が発生し，ドイツ最初の議会である［ 12 ］国民議会では全ドイツ統一が話し合われた。オーストリア支配下では［ 13 ］指導による**ハンガリー民族運動**が起きたが鎮圧された。イタリアでは［ 14 ］王国の対オーストリア戦が起きたが敗北し，［ 15 ］による**ローマ共和国**樹立があったが，［ 16 ］軍の介入で崩壊した。［ 09 ］革命の結果，フランスでは**第二共和政**が成立した。**臨時政府**では［ 17 ］を代表とする社会主義者が入閣し，［ 18 ］を設立したが財政難を理由に閉鎖され，労働者が［ 19 ］蜂起を起こしたが弾圧された。大統領選で［ 20 ］が当選したが，クーデタで独裁権を握り，国民投票で皇帝となり［ 21 ］と称した。こうして［ 22 ］が始まった。………………

◉ イギリスでは1828年，［ 23 ］の廃止によってカトリック教徒を除く非国教徒の公職就任が可能となり，1829年の［ 24 ］で宗教的差別が撤廃された。**ホイッグ党**の［ 25 ］内閣によって**第1回選挙法改正**が実現し，［ 26 ］選挙区が廃止された。普通選挙を目指した史上初の労働者による組織的政治運動が［ 27 ］運動で，6カ条の［ 28 ］を掲げた。1846年には**コブデン・ブライト**らの反［ 29 ］同盟によって［ 29 ］が廃止され，1849年の［ 30 ］廃止によって自由貿易主義が確立した。……

01 シャルル10世
02 七月
03 オルレアン
04 ルイ＝フィリップ
05 ベルギー
06 ポーランド
07 カルボナリ
08 ギゾー
09 二月
10 メッテルニヒ
11 三月
12 フランクフルト
13 コシュート
14 サルデーニャ
15 青年イタリア
16 フランス
17 ルイ＝ブラン
18 国立作業場
19 六月
20 ルイ＝ナポレオン
21 ナポレオン3世
22 第二帝政
23 審査法
24 カトリック教徒
　 解放法
25 グレイ
26 腐敗
27 チャーティスト
28 人民憲章
29 穀物法
30 航海法

	フランス，パリでの出来事	ヨーロッパへの影響
七月革命	○ [シャルル10世]（ブルボン朝）が [七月革命] でイギリスへ亡命	○ オランダの支配下から [ベルギー] が独立 ○ ポーランドで反乱 [ロシア軍] が鎮圧 ○ イタリアで [カルボナリ] 蜂起 [オーストリア軍] が鎮圧
二月革命	○ [七月王政] オルレアン家の [ルイ=フィリップ] [ギゾー内閣]…[改革宴会] を禁止 ↓ ○ [二月革命] でルイ=フィリップとギゾーがイギリスに亡命 ↓ ○ [第二共和政]	○ [三月革命] ウィーン暴動 ➡ [メッテルニヒ] が亡命 ➡ [ウィーン体制] 崩壊 ○ [フランクフルト国民議会] ○ ハンガリー民族運動（コシュート指導） 鎮圧 ○ イタリアの [サルデーニャ王国] の 対オーストリア戦 敗北 ↓ ○ [青年イタリア] による [ローマ共和国] 樹立 [フランス軍] の介入で崩壊

フランスの第二共和政	イギリスの自由主義的改革
○ 臨時政府 社会主義者の [ルイ=ブラン] らが入閣 ○ [国立作業場] を設立 ➡ 財政難を理由に閉鎖 ➡ [六月蜂起] ○ [ルイ=ナポレオン] が大統領選で当選 ➡ クーデタで独裁権 ➡ 国民投票で皇帝…[ナポレオン3世] ➡ [第二帝政] の始まり	○ 1828年，[審査法] 廃止…カトリックを除く非国教徒の公職就任が可能 ○ 1829年，[カトリック教徒解放法]…宗教的差別撤廃 ○ 1832年，[第1回選挙法改正]…ホイッグ党のグレイ内閣 ○ 1837頃～58年頃，[チャーティスト運動] …6カ条の人民憲章 ○ 1846年，[穀物法] 廃止…コブデン・ブライトらの反穀物法同盟 ○ 1849年，[航海法] 廃止…自由貿易主義確立

▲ドラクロワ「民衆を導く自由の女神」ルーブル美術館蔵

▲二月革命を描いた，スフロ通りのバリケード描画（1848年6月25日パリ）

◉ [01]女王の時代は大英帝国黄金時代と言われ，[02]党の**ディズレーリ**と[03]党の**グラッドストン**が交互に首相を務めた。グラッドストン内閣の下で内政改革が進められ，1870年の[04]法で公立学校の増設が進められ，1871年の[05]法で[05]が合法化された。1884年には第3回[06]改正を実現したが，[07]国民党による[07]自治法案をグラッドストン内閣が提出したが成立できなかった。ディズレーリ内閣は[08]運河会社株の買収や[09]帝国の成立など対外膨張政策を推進した。……………………

◉ イタリアではサルデーニャ王[10]が[11]を首相に登用し，イタリア統一を進めた。サルデーニャはイギリス，フランスの要請にしたがい[12]戦争に参戦した。フランスの援助を得て**イタリア統一戦争**を展開したサルデーニャは[13]を獲得し，その後，中部イタリアを占領した。**青年イタリア**の[14]が[15]王国を占領し，サルデーニャ王に献上することで**イタリア王国**が成立した。イタリア王国は**プロイセン＝オーストリア戦争**に参戦して[16]を獲得し，**プロイセン＝フランス戦争**に乗じて[17]を占領した。しかし**トリエステ**や**南チロル**がオーストリア領のままであるという[18]問題が残っていた。
……………………

◉ ドイツではプロイセン王[19]が[20]出身の[21]を首相に任命してドイツ統一を進めた。[21]は[22]政策を展開し，議会を無視して軍備拡張を進めた。[23]両州帰属問題から勃発した**プロイセン＝オーストリア戦争**に圧勝し，[24]連邦を成立させた。続く**プロイセン＝フランス戦争**では**スダン**で皇帝[25]を捕虜にして[19]が[26]宮殿で即位して**ドイツ帝国**が成立した。ドイツはフランスから[27]を獲得した。[21]は，南ドイツのカトリック教会や，南ドイツを地盤とするカトリック派政党の[28]党と争い[29]闘争を展開したが社会主義勢力への対策のため妥協し，[30]法で**ドイツ社会主義労働者党**を弾圧した。……………………

⚐ | 19世紀後半のイギリス・イタリア・ドイツ

イギリス	イタリア	ドイツ
○ [ヴィクトリア女王]（位1837 ～1901）	○ [サルデーニャ王国] 国王 [ヴィットーリオ=エマヌ エーレ2世]（位1849～61） 首相 [カヴール]（任1852～ 61）	
	○ 1855年 [クリミア戦争] に参 戦	○ [プロイセン王国] 国王 [ヴィルヘルム1世] （位1861～88） 首相 [ビスマルク]（任1862 ～90）
○ 第1次自由党 [グラッドスト ン] 内閣（1868～74）	○ 1859年 [イタリア統一戦争] 開始	
○ 1870年 [教育法]	○ 1860年，青年イタリアの [ガ リバルディ] が両シチリア王 国を占領し，サルデーニャ王 に献上	○ 1866年 [プロイセン=オース トリア戦争]
○ 1871年 [労働組合法]		
○ 保守党第2次 [ディズレー リ] 内閣（1874～80）		○ 1867年 [北ドイツ連邦] 結 成
○ 1875年 [スエズ運河会社 株] の買収	○ 1861年 [イタリア王国] 成 立	○ 1870～71年 [プロイセン=フ ランス戦争]
○ 1877年 [インド帝国] 成立	○ 初代国王 [ヴィットーリオ= エマヌエーレ2世]（位1861 ～78）	
○ 第2次自由党 [グラッドスト ン] 内閣（1880～85）		○ 1871年 [ドイツ帝国] 成立 初代皇帝 [ヴィルヘルム1 世]（位1871～88）
○ 1884年 [第3回選挙法改正]	○ 1866年 [プロイセン=オース トリア戦争] に参戦	
○ 第3次自由党グラッドストン 内閣（1886）	○ 1870年 [プロイセン=フラン ス戦争] に乗じて [ローマ 教皇領] 占領	初代首相 [ビスマルク]（任 1871～90）
○ 1886年，アイルランド国民党 による [アイルランド自治法 案] を提出するが否決	○ 1871年，首都を [ローマ] に 決定	○ 1871～80年 [文化闘争] ○ 1878年 [社会主義者鎮圧 法]

🔍 | イタリア統一MAP

🔍 | ドイツ統一MAP

5分で流れをチェック

重要語句

◉ オスマン帝国の領土・民族問題とそれにともなう国際的諸問題を総称して[01]問題と呼び, さらにロシアの[02]政策が加わり列強間の対立が激しくなった。ロシアの**ニコライ1世**は即位の日に起きた[03]の乱を鎮圧した。[04]独立戦争ではロシアはイギリス・フランスとともに[04]を支援し, オスマン帝国と[05]条約を結び, [06]におけるロシア商船の自由航行権を認めさせた。翌年, [07]議定書で[04]独立は国際承認された。エジプトとオスマン帝国が戦った2度にわたる[08]戦争ではロシアはオスマン帝国を支援した。第1次[08]戦争の結果, [09]条約でオスマン帝国はロシア軍艦の[10]両海峡独占通行権を認めた。しかし第2次[08]戦争の結果, [09]条約は破棄されロシアの[02]政策は失敗した。ロシアはオスマン帝国内の[11]徒保護を目的に[12]戦争を起こした。…………………………

◉ [12]戦争中に即位した[13]は戦争に敗北し, [14]条約で[06]の中立化が決まり, 再び[02]政策に失敗した。ロシアはバルカンの[15]主義を利用して[16]戦争を戦い, 勝利を収めた。[17]条約で[18]の領土拡大とロシアの保護下に置くことが決定した。[17]条約にイギリス・オーストリアが猛反発したのでドイツの[19]が[20]と称して調停役となり, [21]条約が結ばれた。その結果, [18]の領土縮小が決まり, ロシアの[02]政策は3度目の失敗をした。…………………………………………………………

◉ [13]は[12]戦争の敗北から国内政策として[22]解放令を出すなど「上からの」近代改革を進めたが, [23]の反乱を鎮圧後, 反動化した。都市の[24]が農民を啓蒙して社会主義的改革をめざす「下からの」改革として[25]運動も起きた。「人民の中へ」という[26]を標語に掲げたが農民の支持を得られず失敗した。[24]の中に[27]（**無政府主義**）, [28]（**虚無主義**）, [29]（**暴力主義**）が広まり, [13]は暗殺された。続く[30]も専制政治を強化し自由主義運動を弾圧した。…………………………

01 東方
02 南下
03 デカブリスト
（十二月党員）
04 ギリシア
05 アドリアノープル
06 黒海
07 ロンドン
08 エジプト=トルコ
09 ウンキャル=スケレッシ
10 ボスフォラス・ダーダネルス
11 ギリシア正教
12 クリミア
13 アレクサンドル2世
14 パリ
15 パン=スラヴ
16 ロシア=トルコ
17 サン=ステファノ
18 ブルガリア
19 ビスマルク
20 「誠実な仲買人」
21 ベルリン
22 農奴
23 ポーランド
24 インテリゲンツィア
25 ナロードニキ
26 「ヴ=ナロード」
27 アナーキズム
28 ニヒリズム
29 テロリズム
30 アレクサンドル3世

🏳 | 19世紀後半のロシア

ニコライ１世 （位 1825〜55）	○ 1825年，［デカブリスト（十二月党員）の乱］を鎮圧 ○ 1821〜29年，ギリシア独立戦争 ➡ 1829年，［アドリアノープル条約］ ➡ 1830年，ロンドン議定書 ○ 1831〜33年，第１次エジプト＝トルコ戦争 ➡ 1833年，［ウンキャル＝スケレッシ条約］ ○ 1839〜40年，第２次エジプト＝トルコ戦争 ➡ 1840年，ロンドン会議で［ウンキャル＝スケレッシ条約］破棄決定　**ロシアの南下政策失敗 NO.1** ○ 1853〜56年，［クリミア戦争］
アレクサンドル2世 （位 1855〜81）	○ 1856年，［パリ条約］　**ロシアの南下政策失敗 NO.2** ○ 1861年，［農奴解放令］ ○ 1863〜64年，［ポーランド］の反乱 ➡ 鎮圧 ➡ 反動化 ○ 1877〜78年，［ロシア＝トルコ戦争］ ➡ 1878年，［サン＝ステファノ条約］ ➡ 1878年，［ベルリン条約］　**ロシアの南下政策失敗 NO.3** ○ 1881年，暗殺
アレクサンドル3世 （位 1881〜94 年）	○ 専制政治を強化し，自由主義運動を抑圧

🏳 | 19世紀後半のオスマン帝国とロシアの干渉

ウンキャル＝スケレッシ条約
○ オスマン帝国はロシア軍艦のボスフォラス・ダーダネルス両海峡独占通行権を認める

ロンドン会議
○ ウンキャル＝スケレッシ条約を破棄する
○ 外国軍艦のボスフォラス・ダーダネルス両海峡通行禁止

サン＝ステファノ条約
○ ルーマニア・セルビア・モンテネグロの独立
○ ブルガリア…領土拡大。事実上ロシアの保護下に置かれる

ベルリン条約
○ サン＝ステファノ条約を破棄する
○ ルーマニア・セルビア・モンテネグロの独立承認
○ ブルガリアの領土縮小 ➡ オスマン帝国の自治領
○ イギリスはキプロス島の行政権を獲得
○ オーストリアはボスニア・ヘルツェゴヴィナの行政権を獲得

ベルリン会議前後のバルカン半島MAP

■ オスマン帝国領
┄┄ サン＝ステファノ条約による［ブルガリア］の領土

◉ 第3代大統領 [01] は，フランスの [02] から [03] を買収し，領土を倍増させた。第4代大統領 [04] はイギリスと [05] 戦争を戦い，結果的に経済的自立を促進した。<u>第5代大統領 [06] は [06] 教書によって相互不干渉主義による孤立主義外交を展開することになった。</u>第7代大統領 [07] は最初の西部出身大統領で民主化に努力した。アメリカがメキシコ領であった [08] を併合すると，これに伴う国境問題から [09] 戦争が発生し，勝利したアメリカは [10]・**ニューメキシコ**両地方を獲得した。……………………

◉ 当時のアメリカは**奴隷制**をめぐって対立していた。北部は商工業が発達していて奴隷制には [11] で [12] 貿易を主張し，支持政党は [13] 党であった。対する南部は奴隷制に基づく [14] を中心とする [15] 経営が盛んなため奴隷制に [16] で [17] 貿易を主張し，支持政党は [18] 党であった。その結果，**西部開拓**の結果誕生した新しい州をめぐる対立が発生した。1820年の [19] 協定で，対立は一時収まったが，1854年の [20] 法では対立が決定的となった。…………………………

◉ 1860年，北部を代表する [13] 党の [21] が大統領に当選すると，1861年に南部11州は合衆国から離脱し，[22] を大統領，[23] を首都とする [24] を建国した。これにより，南北戦争が始まった。<u>[13] 党政府は1862年，[25] 法を制定して西部の支持を固め，1863年には [26] を発表して国内外世論の支持を得た。</u>1863年の [27] の戦いで北部は勝利し，合衆国は1865年に北部により再統一された。……

◉ 戦後の南部では1865年の**憲法修正第13条**で奴隷制は廃止されたが，解放された黒人は [28] として苦しい生活を強いられた。1869年には最初の [29] 鉄道が開通し，西部開拓が進展し，1890年には [30] が消滅した。同時に19世紀末にはアメリカは世界一の工業国となった。………………

重要語句

01 ジェファソン
02 ナポレオン
03 ルイジアナ
04 マディソン
05 アメリカ=イギリス
　 ス
06 モンロー
07 ジャクソン
08 テキサス
09 アメリカ=メキシコ
10 カリフォルニア
11 反対
12 保護
13 共和
14 綿花
15 プランテーション
16 賛成
17 自由
18 民主
19 ミズーリ
20 カンザス・ネブラスカ
21 リンカン
22 ジェファソン=デヴィス
23 リッチモンド
24 アメリカ連合国
25 ホームステッド
26 奴隷解放宣言
27 ゲティスバーグ
28 シェアクロッパー
29 大陸横断
30 フロンティア

アメリカ合衆国　領土拡大時の大統領まとめ

	大統領名	業績
第3代	ジェファソン	フランスの [ナポレオン] からミシシッピ川以西の [ルイジアナ] を買収。
第4代	マディソン	[アメリカ＝イギリス戦争]
第5代	モンロー	モンロー教書
第7代	ジャクソン	初めての西部出身大統領 ➡ [ジャクソニアン＝デモクラシー] 1830年，[インディアン（先住民）強制移住法]

アメリカ合衆国の領土拡大まとめ

領　　　土	領土化の年	事　　　情
ルイジアナ	1803年	フランスのナポレオンより買収
フロリダ	1819年	スペインより買収
テキサス	1845年	旧メキシコ領土を併合
オレゴン	1846年	カナダとの紛争を機に併合
カリフォルニア・ ニューメキシコ	1848年	[アメリカ＝メキシコ戦争] の 結果獲得

北部と南部の対立

	北部	南部
産　業	商工業	大農場
貿易政策	保護貿易	自由貿易
奴隷制	反対	賛成
政　体	連邦主義	反連邦主義
政　党	[共和党]	[民主党]

南北戦争への流れと結果

1820年	[ミズーリ協定]	1863年	[奴隷解放宣言][ゲティスバーグの戦い]
1854年	[カンザス・ネブラスカ法]	1865年	リッチモンド陥落 ➡ 南軍降伏 ➡ 合衆国再統一 [憲法修正第13条] ➡ [奴隷制] 廃止
1860年	[リンカン] が大統領に当選		
1861年	南部11州が合衆国離脱 ➡ [アメリカ連合国] 建国 ➡ 南北戦争勃発	1869年	最初の [大陸横断鉄道] 開通
1862年	[ホームステッド法]	1890年	[フロンティア] の消滅を合衆国政府発表

アメリカ合衆国の領土拡大MAP

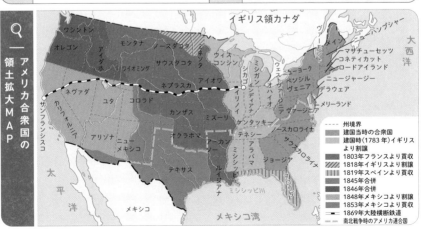

----- 州境界
建国当時の合衆国
建国時（1783年）イギリスより割譲
1803年フランスより買収
1818年イギリスより割譲
1819年スペインより買収
1845年合併
1846年合併
1848年メキシコより割譲
1853年メキシコより買収
━ ● ━ 1869年大陸横断鉄道
－ － － 南北戦争時のアメリカ連合国

51 19世紀のヨーロッパ文化

🕐 | 5分で流れをチェック

☑ | 重要語句

◎ ドイツ古典主義文学を大成したのは［01］で代表作は『**ファウスト**』である。ロマン主義文学では［02］の『**歌の本**』，ギリシア独立戦争に参加した［03］の『**チャイルド＝ハロルドの遍歴**』などが代表である。写実主義文学では［04］の『**赤と黒**』，［05］の『**罪と罰**』，［06］の『**戦争と平和**』，自然主義文学では［07］の『**居酒屋**』，［08］の『**人形の家**』などが代表である。……………………………………

◎ 古典主義絵画としては［09］の「**ナポレオンの戴冠式**」，ロマン主義絵画では［10］の「**民衆を導く自由の女神**」，写実主義絵画では［11］の「**石割り**」，自然主義絵画では［12］の「**落ち穂拾い**」，印象派絵画では［13］の「**睡蓮**」，後期印象派絵画では［14］の「**ひまわり**」が代表である。彫刻では［15］の「**考える人**」などがある。……………

◎ 古典派音楽を大成したのが［16］で「**運命**」「**田園**」などの交響曲を残した。ロマン主義音楽ではピアノの詩人と呼ばれた［17］，「**ニーベルングの指環**」などの**楽劇**を完成した［18］などが代表である。……………………………………

◎ カントが創始し［19］が完成させたのが**ドイツ観念論哲学**で，19世紀ドイツ哲学の主流であった。［20］と**エンゲルス**は**史的唯物論**を唱えた。［21］が創始したのが**功利主義**で［22］が創始したのが**実証主義**である。経済学では［23］が『**人口論**』で貧困の原因を説明し，［24］が**古典派経済学**を大成した。［25］は『**世界史**』で近代歴史学を確立した。……………………………………

◎ 自然科学の分野では［26］夫妻が**ラジウム**を発見し，［27］は『**種の起源**』を著し，**進化論**を発表した。発明の分野では［28］が**ダイナマイト**を発明し，彼の遺産を基金に［28］賞が設立された。［29］はリレー式の**電信機**を発明し，その後［29］信号を考案した。［30］は**電話機**を発明した。発明家の**エディソン**は電灯・蓄音機・映画など1000件以上の発明を行なった。……………………………………

01	ゲーテ
02	ハイネ
03	バイロン
04	スタンダール
05	ドストエフスキー
06	トルストイ
07	ゾラ
08	イプセン
09	ダヴィド
10	ドラクロワ
11	クールベ
12	ミレー
13	モネ
14	ゴッホ
15	ロダン
16	ベートーヴェン
17	ショパン
18	ヴァーグナー
19	ヘーゲル
20	マルクス
21	ベンサム
22	コント
23	マルサス
24	リカード
25	ランケ
26	キュリー
27	ダーウィン
28	ノーベル
29	モールス
30	ベル

文学	○ 古典主義…古代ギリシア・ローマの文化を理想とし，調和と形式的な美しさを重視しようとする文芸上の傾向 ○ ［ ゲーテ ］（独）『若きウェルテルの悩み』『ファウスト』
	○ ロマン主義…古典主義の形式主義に対抗して出現。個性や感情を重視し，歴史や民族文化の伝統を尊重。中世をたたえた ○ ［ ハイネ ］（独）『歌の本』 ○ ［ バイロン ］（英）『チャイルド=ハロルドの巡礼（遍歴）』ギリシア独立戦争に参加
	○ 写実主義…19世紀半ば，フランスを中心におこった文芸上の傾向。社会や人間をありのままに描こうとした ○ ［ スタンダール ］（仏）『赤と黒』 ○ ［ ドストエフスキー ］（露）『罪と罰』『カラマーゾフの兄弟』 ○ ［ トルストイ ］（露）『戦争と平和』『アンナ=カレーニナ』
	○ 自然主義…写実主義をさらに強調し，現実を実験科学的にとらえて表現する傾向。19世紀後半からおこった ○ ［ ゾラ ］（仏）『居酒屋』『実験小説論』 ○ ［ イプセン ］（ノルウェー）『人形の家』
絵画	○ 古典主義絵画…フランスを中心におこった古代ギリシア・ローマを模範とする格調高く均整のとれた美術様式 ○ ［ ダヴィド ］（仏）「ナポレオンの戴冠式」ナポレオン1世の首席宮廷画家
	○ ロマン主義絵画…19世紀初めからおこった美術様式。情熱的・幻想的で，題材や技法も強烈 ○ ［ ドラクロワ ］（仏）「民衆を導く自由の女神」七月革命の市街戦
	○ 写実主義絵画…現実の自然や人間の生活を客観的に描写しようとする美術様式 ○ ［ クールベ ］（仏）「石割り」
	○ 自然主義絵画…ありのままの素朴な自然の姿を描こうとした美術様式。農村や自然の風景を題材とするものが多い ○ ［ ミレー ］（仏）「落ち穂拾い」「晩鐘」
	○ 印象派…光と色彩を重視。対象から受ける直接的な印象を表現しようとした絵画の流派 ○ ［ モネ ］（仏）「印象・日の出」「睡蓮」
	○ 後期印象派…視覚だけでなく，自然の基本的な形と様式の把握にも努めて，自己の感覚の上で構成しようとした ○ ［ ゴッホ ］（蘭）「ひまわり」「自画像」
彫刻	○ ［ ロダン ］（仏）「考える人」

▶つづきは次ページ

	✎ **19世紀のヨーロッパ文化　まとめ②**

音楽	○ 古典派音楽…均整のとれた器楽曲が特徴で，ウィーンを中心に展開。宮廷音楽から市民音楽への移行期 ○ ［ ベートーヴェン ］（独）交響曲「運命」「田園」「第九番」 ○ ロマン主義音楽…古典派音楽を脱皮し，個性・意志・感情を強烈に表現した音楽。19世紀前半〜中頃に流行した ○ ［ ショパン ］（ポーランド）ピアノ練習曲「革命」…「ピアノの詩人」 ○ ［ ヴァーグナー ］（独）「ニーベルングの指環」「タンホイザー」
哲学	○ ドイツ観念論哲学…19世紀前半のドイツ哲学の主流 ○ ［ カント ］（独）ドイツ観念論哲学を創始。『純粋理性批判』 ○ ［ ヘーゲル ］（独）ドイツ観念論哲学を体系化し，完成。弁証法哲学を提唱。『精神現象学』『歴史哲学』 ○ 史的唯物論…［ マルクス ］・エンゲルス（独） ○ 功利主義…人生の目的である幸福は，量的に測定可能であり，最大多数者の最大幸福を実現することが社会の発展につながるとする思想。産業資本家に支持された ○ ［ ベンサム ］（英）功利主義哲学を創始 ○ 実証主義哲学…仮説を排して，経験によって確かめられた事実にだけ知識の源泉をみいだそうとする立場 ○ ［ コント ］（仏）実証主義を創始。「社会学の祖」とされる
経済	○ ［ マルサス ］（英）『人口論』貧困の原因を説明 ○ ［ リカード ］（英）古典派経済学を確立
歴史	○ 近代歴史学…史料批判を通して実証的・科学的に解明を求める歴史学 ○ ［ ランケ ］（独）『世界史』近代歴史学を確立
科学	○ ［ キュリー夫妻 ］（仏・妻はポーランド出身）ラジウムの発見 ○ ［ ダーウィン ］（英）『種の起源』…進化論
発明	○ ［ ノーベル ］（スウェーデン）ダイナマイト，無煙火薬 ○ ［ モールス（モース）］（米）リレー式の電信機，モールス信号 ○ ［ ベル ］（米）電話機 ○ ［ エディソン ］（米）蓄音機，白熱電球，映画の発明。「発明王」と呼ばれる

CHAPTER **07**

帝国主義と民族運動

5分で流れをチェック

重要語句

オスマン帝国は1683年，第2次［01］包囲に失敗し，1699年の［02］条約で［03］などを**オーストリア**に割譲した。さらに1774年の［04］条約では［05］に黒海の支配権を奪われた。1839年，第31代皇帝［06］は［07］勅令を出して**西欧化改革**である［08］を開始した。しかし，改革は抵抗が強く，十分な成果はあがらなかった。1876年に大宰相になった［09］＝パシャはアジアで最初の憲法となる［09］憲法を制定し，第34代皇帝［10］即位後すぐに［09］憲法を発布した。しかし，［11］戦争の勃発を口実に憲法は停止となった。オスマン帝国は［11］戦争に敗北し，締結した［12］条約でヨーロッパ側領土の半分以上を失うことになった。オスマン帝国末期に［09］憲法復活を求める人々を［13］と呼び，その中心となった政治組織が［14］であった。1908年［15］革命が発生し［10］は［09］憲法復活を承認した。……………………………………………

アラビア半島では18世紀中頃，［16］がイスラーム教の改革をとなえて［17］派の運動を起こした。この運動は，中部アラビアの豪族［18］家と結び，［19］を首都とする［17］王国を建設した。［20］のエジプト遠征に抵抗した［21］は1805年にオスマン帝国から［22］総督に任命され，［21］朝を創始した。彼は2度の［23］戦争を戦い，［22］総督の世襲権を認められた。1869年，フランス人［24］が［25］運河を完成させたが［25］運河株式会社の株式を75年にイギリスが買収し，エジプトへの介入を強めた。反英運動として［26］の反乱が起きたがイギリス軍に鎮圧され，エジプトは事実上イギリスの保護国となった。**カージャール朝**のイランではロシアに敗れて［27］条約を結び治外法権を認めた。［28］の乱という農民反乱は政府軍が鎮圧したが，［29］運動という反英運動も起きた。1905～11年の［30］革命で議会と憲法が成立したが，イギリス・ロシアの干渉によって挫折した。……………………………………………

01	ウィーン
02	カルロヴィッツ
03	ハンガリー
04	キュチュク＝カイナルジ
05	ロシア
06	アブデュルメジト1世
07	ギュルハネ
08	タンジマート
09	ミドハト
10	アブデュルハミト2世
11	ロシア＝トルコ
12	ベルリン
13	「青年トルコ人」
14	「統一と進歩団」
15	青年トルコ
16	イブン＝アブドゥル＝ワッハーブ
17	ワッハーブ
18	サウード
19	リヤド
20	ナポレオン
21	ムハンマド＝アリー
22	エジプト
23	エジプト＝トルコ
24	レセップス
25	スエズ
26	ウラービー
27	トルコマンチャーイ
28	バーブ教徒
29	タバコ＝ボイコット
30	イラン立憲

🛡 │ オスマン帝国と西アジアの動きまとめ

オスマン帝国	エジプト	アラビア半島	イラン
○1683年 [第2次ウィーン包囲] 失敗			
○1699年 [カルロヴィッツ条約]			○1736年 サファヴィー朝，アフガン人に滅ぼされる。
○1774年 [キュチュク=カイナルジ条約]		○1744年 [ワッハーブ王頃 国] 建国	
	○1798～ ナポレオンのエ99年 ジプト遠征		○1796年 [カージャール朝] 建国
	○1805年 [ムハンマド=アリー朝] 建国 →	エジプトのワッハーブ王国を一時滅ぼす	
1831～33年，第1次エジプト=トルコ戦争 1839～40年，第2次エジプト=トルコ戦争			○1828年 [トルコマンチャーイ条約]
○1839年 [ギュルハネ勅令] [タンジマート] 開始			
			○1848～ [バーブ教徒の52年 乱]
○1853～ [クリミア戦争]56年			
○1876年 [ミドハト憲法]制定			
○1877年 ロシア=トルコ戦争勃発を口実に憲法停止			
○1878年 [ロシア=トルコ戦争] に敗北	○1881～ [ウラービーの82年 反乱] イギリスの事実上の保護国		○1891～ [タバコ=ボイ92年 コット運動]
○1908年 [青年トルコ革命]			○1905～ [イラン立憲革11年 命]

53 南アジア・東南アジアの植民地化

5分で流れをチェック

イギリスは［01］事件後，［02］会社を中心にインド経営に乗り出した。南インドでイギリスとフランスが戦った［03］戦争でイギリスが勝利した。1757年の［04］の戦いでは**イギリス東インド会社軍**がフランス・［05］太守連合軍を撃破し，本格的なインド支配が始まった。イギリスは［06］戦争で南インドの［06］王国を滅ぼし，［07］戦争で**デカン高原**中部を併合し，［08］戦争で**パンジャーブ地方**を併合した。イギリスは北インドでは［09］と呼ばれた地主の土地所有権を認め，徴税を任せるという［10］制を導入し，南・西インドでは［11］と呼ばれた農民に土地保有権を与え，農民から直接税金を集めた［12］制を導入した。1857年に東インド会社のインド人傭兵である［13］の反乱が発生し，イギリスは近代的軍隊を派遣し，東インド会社軍が鎮圧した。［14］帝国は滅亡し，イギリスは東インド会社を解散させ，インドの直接統治に乗り出した。イギリスの［15］女王がインド皇帝に即位し，**インド帝国**が成立した。…………………………………

オランダは18世紀半ば［16］王国を滅ぼして**ジャワ島**の大半を領有し，［17］戦争を鎮圧したが財政が窮乏化した。そこで東インド総督［18］は［19］を実施し，莫大な利益をあげた。［20］戦争でスマトラ島西北部の［20］王国を滅ぼし，**オランダ領東インド**が成立した。イギリスは［21］戦争で**コンバウン朝**（アラウンパヤー朝）を滅ぼし，［21］は**インド帝国**に併合された。また，イギリスは**ペナン・マラッカ・シンガポール**を領有して［22］を形成し，さらに［23］連合州を成立させ，［24］の**プランテーション**を経営した。ベトナムで**阮朝**（げんちょう）が成立するとフランスの進出が始まった。［25］がベトナムで組織した中国人義勇軍が［26］で阮朝に協力してフランスに抵抗した。フランスは［27］戦争に勝利し，清朝はベトナムにおけるフランスの保護権を承認し，**フランス領インドシナ連邦**が成立した。［28］朝のタイでは国王［29］が西のイギリス，東のフランスの進出に対して均衡策を取り，タイの独立を守った。続く［30］も独立維持と近代化に努めた。………………

重要語句

01 アンボイナ
02 東インド
03 カーナティック
04 プラッシー
05 ベンガル
06 マイソール
07 マラーター
08 シク
09 ザミンダール
10 ザミンダーリー
11 ライヤット
12 ライヤットワーリー
13 シパーヒー
14 ムガル
15 ヴィクトリア
16 マタラム
17 ジャワ
18 ファン=デン=ボス
19 強制栽培制度
20 アチェ
21 ビルマ
22 海峡植民地
23 マレー
24 （天然）ゴム
25 劉永福（りゅうえいふく）
26 黒旗軍（こっきぐん）
27 清仏（しんふつ）
28 ラタナコーシン（チャクリ）
29 ラーマ4世
30 ラーマ5世

インド	ミャンマー	タイ	マレー半島	ベトナム	インドネシア
○1744～63年 [カーナティック戦争]	○[コンバウン朝] (アラウンパヤー朝)	○ラタナコーシン朝 (チャクリ朝)		○阮朝	○18世紀半ば，オランダは[マタラム王国]を滅ぼし，ジャワ島領有
○1757年，[プラッシーの戦い]					
○1767～99年 [マイソール戦争]					
○1775～1818年 [マラーター戦争]	○1824～85年，[ビルマ戦争]でコンバウン朝は滅亡し，ビルマ全土が[インド帝国]の州となる	○1826年，イギリスは[海峡植民地]を建設		○1825～30年，[ジャワ戦争]	
○1845～49年 [シク戦争]					○1830年，[強制栽培制度]
○1857～59年 [シパーヒーの反乱]		○第4代国王 [ラーマ4世]			
○1877年，[インド帝国]の成立	つまりミャンマーはイギリスの植民地になった	○第5代国王 ラーマ5世 （[チュラロンコン大王]）	○1895年，イギリスは[マレー連合州]を建設	○1867年頃，[劉永福]が黒旗軍を組織	○1873～1912年 [アチェ戦争]でオランダは[アチェ王国]を滅ぼし，オランダ領[東インド]が成立
				○1884～85年，[清仏戦争]	
				○1887年，フランス領[インドシナ連邦]の成立	

🔍 | イギリスのインド支配MAP

🔍 | 東南アジアの植民地化MAP

◎ 清は**乾隆帝**の治世の直後の[01]の乱から衰退が始まった。清は1757年以来，ヨーロッパとの貿易港を[02]1港に限定し，特許商人組合である[03]が貿易を独占していた。イギリスは貿易改善を要求したが失敗したためインド産の[04]を密貿易で輸出し始めた。清朝は[05]を**欽差大臣**に任命し[02]での[04]取り締まりを強化したため，イギリスとの間に[04]戦争が勃発した。清は完敗し，[06]条約が結ばれて5港開港，[03]の廃止，[07]島の割譲などが決まった。追加の条約として**五港（五口）通商章程**で清はイギリスの[08]権を，**虎門寨追加条約**で片務的[09]待遇を認めた。さらに同様の内容でアメリカと[10]条約，フランスと[11]条約を結んだ。**アロー号事件**からイギリス・フランス両軍が出兵して**アロー戦争**となり[12]条約が結ばれたが批准をめぐり再戦となり[13]の調停で[14]条約が結ばれた。その結果，新たに11港の開港が決まり，清はイギリスに[15]半島南部を割譲することになった。清朝は外交を管轄する[16]を新設した。……………………………

◎ 広東省の客家出身の[17]はキリスト教の影響を受け宗教結社の[18]を組織して天王を称して**太平天国**を建てた。[19]をスローガンに掲げ，**南京**を占領して[20]と改称して首都とした。太平天国は**辮髪**や**纏足**の廃止を実施し，**男女平等**に土地を均分する[21]制度を実施しようとしたが実施までには至らなかった。太平天国は，**曾国藩**の[22]軍や**李鴻章**の[23]軍などの[24]，アメリカ人[25]やイギリス人[26]らによる[27]の活躍で，太平天国の首都の[20]が陥落するに至り，滅亡した。……………………………

◎ **同治帝**の治世は，清朝が内政・外交ともに安定を取り戻したので[28]と呼ばれた。同時に進められた近代化・強兵政策のことを[29]運動と呼び，スローガンは[30]であった。……………………………

☑️ | **重要語句**

01 白蓮教徒
02 広州
03 公行（コホン）
04 アヘン
05 林則徐
06 南京
07 香港
08 領事裁判
09 最恵国
10 望厦
11 黄埔
12 天津
13 ロシア
14 北京
15 九竜
16 総理各国事務衙門（総理衙門）
17 洪秀全
18 拝上帝会
19 「滅満興漢」
20 天京
21 天朝田畝
22 湘
23 淮
24 郷勇
25 ウォード
26 ゴードン
27 常勝軍
28 同治の中興
29 洋務
30 「中体西用」

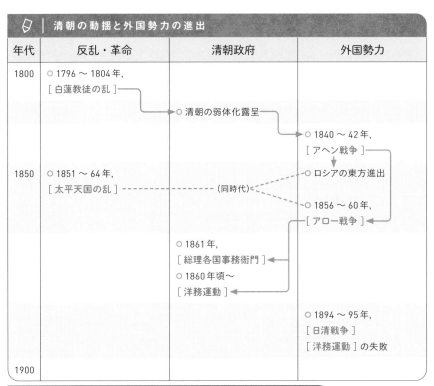

清朝の動揺と外国勢力の進出

年代	反乱・革命	清朝政府	外国勢力
1800	○ 1796 ～ 1804 年, [白蓮教徒の乱]	○ 清朝の弱体化露呈	○ 1840 ～ 42 年, [アヘン戦争]
1850	○ 1851 ～ 64 年, [太平天国の乱] ------ (同時代)	○ 1861 年, [総理各国事務衙門] ○ 1860 年頃～ [洋務運動]	○ ロシアの東方進出 ○ 1856 ～ 60 年, [アロー戦争]
			○ 1894 ～ 95 年, [日清戦争] [洋務運動] の失敗
1900			

太平天国とアロー戦争MAP

	重要語句

5分で流れをチェック

● 1792年，ロシアの軍人 [01] が**江戸時代**の日本の**根室**に来航し，通商を求めたが不成功に終わった。1853年，アメリカ海軍軍人 [02] が浦賀に来航し，翌年の再来航で [03] 条約を締結し，[04] と箱館（函館）を開港することになった。1855年，[05] 条約が結ばれ，[06] 列島のエトロフ島以南を日本領とし，樺太を両国人の雑居地域とした。1858年にはアメリカ総領事ハリスと下田奉行との間で [07] 条約が調印され4港の開港が追加された。大政奉還，明治維新を経た日本は1871年，[08] で日清間の正式な国交を樹立し，1875年の [09] 条約で全樺太をロシア領，全 [06] を日本領とすることが決まった。1889年には [10] 憲法が発布された。……………………………………………………………

● 朝鮮王朝では第26代国王**高宗**が即位したが，即位後10年間は高宗の父の [11] が摂政を務めた。親政開始後は王妃の一族であった [12] 氏が実権を握った。日本は1875年の [13] 事件を機に翌年 [14] 条規を結んで3港を開港することになった。国内では [12] 氏一派に対する [11] 一派の反乱である [15] 軍乱が起きたが清軍によって反乱は鎮圧された。その後，[16] らの開化派と [12] 氏中心の [17] 党との対立があり，開化派のクーデタの [18] 政変も清軍の介入で失敗に終わった。1894年，農民反乱である [19] 戦争（東学党の乱）が起こると日清両軍が出兵し，[20] 戦争に発展。日本が勝利し [21] 条約を結んだ。その結果，[22] の完全独立，[23] 半島，[24]，澎湖諸島の日本への割譲，賠償金の支払いが決まった。これに対し，[25] はドイツとフランスをさそって日本に対して**三国干渉**を行い，日本は屈服して [23] 半島を清に返還した。[25] は代償として清から [26] 鉄道本線敷設権を獲得した。……

● [20] 戦争の敗北によって列強の中国進出が激化していった。ドイツは [27] 湾，イギリスは**威海衛**や [28] 半島北部，フランスは [29] 湾をそれぞれ租借地にした。中国進出に遅れたアメリカは国務長官 [30] が門戸開放宣言を出した。…

01 ラクスマン
02 ペリー
03 日米和親
04 下田
05 日露和親
06 千島
07 日米修好通商
08 日清修好条規
09 樺太・千島交換
10 大日本帝国
11 大院君（だいいんくん（テウォングン））
12 閔（びん（ミン））
13 江華島
14 日朝修好
15 壬午（じんご）
16 金玉均（きんぎょくきん（キムオッキュン））
17 事大（じだい）
18 甲申（こうしん）
19 甲午農民（こうご）
20 日清
21 下関
22 朝鮮
23 遼東（りょうとう）
24 台湾
25 ロシア
26 東清
20 日清
27 膠州（こうしゅう）
28 九竜（きゅうりゅう）
29 広州（こうしゅう）
30 ジョン＝ヘイ

朝鮮王朝の内乱と日本の開国

朝鮮王朝	日本
○ 高宗（位 1863 ～ 1907 年） [大院君]（高宗の父）◀━━▶[閔氏]（高宗の妃の一族） ○ 1863 ～ 73 年 [大院君] は高宗の摂政として権力を握る ○ 1873 年　高宗親政を名目に [閔氏] が権力を握る ○ 1875 年 [江華島事件] ○ 1882 年 [壬午軍乱] 　　　　（大院君派のクーデタ ➡ [清] の干渉で失敗） 　開化派（独立党）　　　　　　　[閔氏] 政権 　[金玉均] 指導の親日派　◀━▶　事大党，親清派 ○ 1884 年 [甲申政変] 　　　　（開化派のクーデタ ➡ 清軍の介入で失敗） ○ 1894 年 [甲午農民戦争]（東学党の乱） ○ 1894 ～ 95 年 [日清戦争]	○ 1792 年 [ラクスマン] が根室に来航 ○ 1853 年 [ペリー] が浦賀に来航 ○ 1854 年 [日米和親条約] ○ 1855 年　日露和親条約 ○ 1858 年 [日米修好通商条約] ○ 1875 年　樺太・千島交換条約 ○ 1889 年 [大日本帝国憲法] ○ 1895 年 [下関条約] 　➡ 1895 年 [三国干渉]

列強の中国進出まとめ

国　名	租　借　地	主　な　利　権
ロシア	1898 年，遼東半島南部	○ 1896 年，東清鉄道本線（満州里～綏芬河）敷設権 ○ 1898 年，東清鉄道支線（ハルビン～旅順・大連）敷設権
ドイツ	1898 年，膠州湾	○ 山東半島の利権
イギリス	1898 年，威海衛・九竜半島北部	○ 長江流域と広東東部の利権
フランス	1899 年，広州湾	○ 広東西部と広西地方
日　本	1905 年以降，遼東半島南部	○ 福建地方の利権，1905 年，南満州鉄道（長春～旅順）

列強の中国分割ＭＡＰ

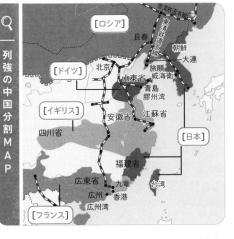

☑ │ **重要語句**

　● ヨーロッパ各国において**資本主義**が高度に発達した段階を[01]主義という。**電力**や**石油**などの新動力源と重工業が発展する[02]が本格化した。その結果，企業連合である[03]や企業合同である[04]などの企業の集中・独占が進み，さらに**産業資本**と**銀行資本**が結合した**独占資本**として[05]資本が形成された。…………………………

　● 19世紀半ばのイギリスは[06]と呼ばれ，自由貿易を推進した。保守党の[07]内閣は**インド帝国**を成立させ，植民地相の[08]は**南アフリカ戦争**を推進した。**社会主義者**の集まりである[09]協会などを母体として1900年に**労働代表委員会**が結成され，1906年には[10]と改称され，穏健な改革を主張した。……………………………

　● 第三共和政下のフランスでは軍部の対独復讐心から[11]事件という軍部のクーデタ未遂事件や[12]事件というスパイ容疑事件が発生した。文豪[13]の活躍で[12]は無罪となった。**ドイツ**では1888年，新皇帝[14]が即位すると，対立から90年，宰相[15]が辞職し，[14]の親政が始まった。[14]は[16]と呼ばれる露骨な対外進出を展開した。[15]の辞職にともなって[17]が廃止され，**ドイツ社会主義労働者党**は[18]と改称され，マルクス主義を主張したが，その後，**ベルンシュタイン**の[19]主義が主流になっていった。…………………………………………

　● ロシアでは1901年に**ナロードニキ**の流れをくむ[20]が結成され，1903年にはマルクス主義を主張する[21]が結成された。[21]は[22]指導の急進派で多数派を意味する[23]と[24]指導の少数派を意味する[25]に分裂した。1904年に始まった**日露戦争**の戦況は不利で，翌1905年には[26]事件から**第1次ロシア革命**へと展開し，ロシア語で「会議」を意味する[27]が結成された。**皇帝ニコライ2世**は[28]宣言を出してロシアの国会にあたる[29]の開設を公約し，[30]を首相に登用し，自由主義的改革を進めた。

🖊 帝国主義まとめ

帝国主義の始まり	○ 第1次産業革命…石炭と蒸気力が動力源で軽工業中心 ➡ 資本主義の形成 ○ 第2次産業革命…石油と電力が動力源で重化学工業中心 ➡ 高度な資本主義 ➡ 帝国主義
帝国主義の特徴	○ 銀行資本＋産業資本＝独占資本 ➡ 金融資本による支配 ○ 企業の集中・独占…カルテル・トラスト・コンツェルン ○ 植民地の重要性が高まる…世界分割・再分割
帝国主義の諸問題	○ 先進資本主義国と後発資本主義国の対立 ➡ 第一次世界大戦へ ○ 労働者に対する負担増大 ➡ 社会主義勢力の成長 ➡ 社会主義運動 ○ アジア・アフリカ地域で反植民地運動 ➡ 民族主義運動の展開

🖊 帝国主義諸国の動向

イギリス	フランス	ドイツ	ロシア
○ ［ディズレーリ内閣］ 　（1868，74 ～ 80年）	○ 第三共和政 　（1870/71 ～ 1940年）		
○ 1870年代～帝国主義時代			
○ 1877年 　［インド帝国］の成立			
	○ 1880年代～帝国主義時代		
	○ 1887 ～ 89年 　［ブーランジェ事件］	○ 1888年 　［ヴィルヘルム2世］即位	
○ ［ジョゼフ=チェンバレン］ 　植民地相（任1895 ～ 1903年）	○ 1894 ～ 99年 　［ドレフュス事件］	○ 1890年 　［ビスマルク］辞職 　［ヴィルヘルム2世］親政開始	○ 1890年代以降，資本主義発展へ ○ 1894年 　［ニコライ2世］即位
○ 1899 ～ 1902年 　［南アフリカ戦争］		○ 1890年代～帝国主義時代	○ 1901年　社会革命党結成
		○ 1890年 　［社会主義者鎮圧法］廃止 　［ドイツ社会民主党］成立	○ 1903年　ロシア社会民主労働党結成，分裂
			○ 1904 ～ 05年 　［日露戦争］
			○ 1905年 　［第1次ロシア革命］
○ 1906年 　［労働党］成立			○ 1905年 ［十月宣言］

⚫ アメリカは1890年代に帝国主義時代に入り，[01]の消滅によって，対外進出が積極化した。共和党の[02]大統領は1898年，[03]を併合し，[04]戦争に勝利して**フィリピン・グアム・プエルトリコ**を領有した。さらに国務長官[05]は[06]宣言を出して，中国進出を目指した。続く共和党の[07]大統領は1904年，[08]運河の建設を始めた。彼がカリブ海で展開したアメリカの帝国主義的外交を[09]と呼んでいる。**日露戦争**を調停し，[10]条約を成立させたのも彼である。……………………………………………………

⚫ イギリスは1875年に[11]内閣のときに[12]会社株を買収してエジプトに進出し，[13]の反乱を鎮圧してエジプトを事実上の保護国とした。続いてスーダンの[14]の反乱も鎮圧してスーダンを征服した。イギリスは1815年，**ケープ植民地**を獲得すると**カイロ**と**ケープタウン**を結ぶアフリカ[15]政策を展開した。ケープ植民地首相の[16]は帝国主義的政策を推進し，植民地相の[17]は[18]戦争を指導し，オランダ人植民者の子孫である[19]人が建設した[20]共和国と[21]自由国を征服した。1910年には自治領として[22]連邦を組織した。……………………………………

⚫ フランスはシャルル10世の時代に[23]を占領し，1881年に[24]を保護国化し，アフリカ[25]政策を展開した。イギリスとフランスはスーダンの[26]で衝突したが，フランスが譲歩し，1904年には[27]が結ばれて，イギリスのエジプトとフランスの[28]における優越権を相互に承認した。ドイツは2度にわたって[28]事件を起こしたが，[28]はフランスの保護国となった。イタリアは**ソマリランド**，**エリトリア**を併合し，**エチオピア**に侵入したが，[29]の戦いで敗北して撃退された。アフリカはヨーロッパ諸国によって分割され，独立を維持したのは**エチオピア帝国**と[30]共和国のみとなった。…………………………………………………………………………………

重要語句

01 フロンティア
02 マッキンリー
03 ハワイ
04 アメリカ=スペイン
05 ジョン=ヘイ
06 門戸開放
07 セオドア=ローズヴェルト
08 パナマ
09 「棍棒外交」
10 ポーツマス
11 ディズレーリ
12 スエズ運河
13 ウラービー
14 マフディー
15 縦断
16 セシル=ローズ
17 ジョゼフ=チェンバレン
18 南アフリカ
19 ブール
20 トランスヴァール
21 オレンジ
22 南アフリカ
23 アルジェリア
24 チュニジア
25 横断
26 ファショダ
27 英仏協商
28 モロッコ
29 アドワ
30 リベリア

ローズヴェルトが裸足で歩いているのがカリブ海。左手のロープで引いているのが債務取り立て船。カリブ海の周囲にはサントドミンゴ（ドミニカの首都）、キューバ、メキシコ、パナマなどのカリブ海周辺の首都名・国名が書かれている。

THE BIG STICK IN THE CARIBBEAN SEA

▲棍棒外交を描いた風刺画

パナマは1903年まではコロンビアの領土だった。アメリカのセオドア＝ローズヴェルト大統領はパナマ運河建設を計画するが、コロンビア政府はそれを拒否。そこでローズヴェルト大統領はパナマをコロンビアから分離・独立させ、1904年、運河建設を強行（完成は1914年）。こうしたアメリカの強い軍事力と経済力を背景とした露骨な外交政策のことを「棍棒外交」と呼ぶ。ローズヴェルトが格言「棍棒を手に、話は穏やかに」をよく引用したことからこの名前がついた。

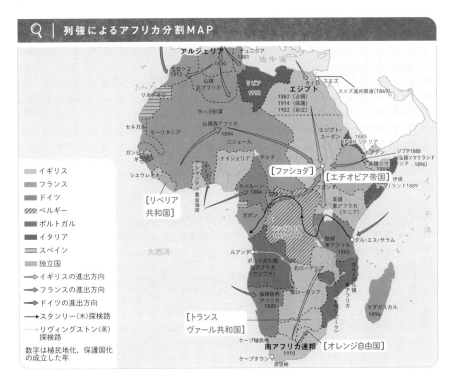

5分で流れをチェック

◎ インドではイギリスがインド人の不満をそらすために1885年，[01]を[02]で開催した。1905年，**ヒンドゥー教徒とイスラーム教徒**の地域への分割を目指す[03]分割令が出されると，[04]らを中心とした**国民会議**の大会が[05]で開催され，**英貨排斥，国産品愛用**という意味の[06]，**自治獲得**という意味の[07]，**民族教育**という[05]大会4綱領が決議された。イギリスは親英的な[08]の結成を支援し，**国民会議派**と対立させた。……………………………………

◎ ベトナムは1883年以来，[09]の保護国であった。1904年，[10]らが[11]を結成し，日本に留学生を派遣する[12]運動を展開した。同様にして1907年，[13]は**ハノイ**に[14]義塾を設立している。インドネシアは[15]に支配された。19世紀末から農民[16]が始めた民衆運動が[16]運動で原始共産社会への回帰を求めた。その他の民族運動の団体としては1908年に結成された[17]や1911年，ジャワ島中部で結成され，翌年改称された[18]などがある。フィリピンの民族運動家[19]は1892年に帰国し，**フィリピン同盟**を結成して平和的方式による独立を目指したが，逮捕・銃殺された。[20]支配からの解放を目指して結成された急進的民族主義団体が[21]で1896年の蜂起から[22]戦争が始まると，**フィリピン革命**の指導者[23]はアメリカの援助で帰国し，1899年，**フィリピン共和国の独立**を宣言したが，アメリカが認めず，[23]は逮捕され，引退した。……………………………………

◎ 清では**日清戦争**の敗北で[24]運動の限界が暴露されると**公羊学派**の[25]は[26]帝に進言して1898年6月〜9月，政治改革を断行した。これを[27]といい，日本の[28]を模範とし，議会制度を基礎とする[29]制の樹立を目指した。しかし保守派の[30]のクーデタにより改革は100日で終了した。これを[31]と呼び，以降は保守排外派が政権を掌握した。……………………………………

重要語句

01 インド国民会議
02 ボンベイ
03 ベンガル
04 ティラク
05 カルカッタ
06 スワデーシ
07 スワラージ
08 全インド=ムスリム連盟
09 フランス
10 ファン=ボイ=チャウ
11 維新会
12 ドンズー（東遊）
13 ファン=チュー=チン
14 ドンキン
15 オランダ
16 サミン
17 ブディ=ウトモ
18 イスラーム同盟（サレカット=イスラーム）
19 ホセ=リサール
20 スペイン
21 カティプーナン
22 アメリカ=スペイン
23 アギナルド
24 洋務
25 康有為
26 光緒
27 戊戌の変法
28 明治維新
29 立憲君主
30 西太后
31 戊戌の政変

インド	ベトナム	インドネシア	フィリピン	清（中国）
○ 1885年，第1回インド国民会議を［ボンベイ］で開催	○ 1883年以来，［フランス］の保護国		○ 1892年，［ホセ＝リサール］帰国	
			○ 1896年，［カティプーナン］の蜂起	
			○ 1898年，アメリカ＝スペイン戦争	○ 1898年，［戊戌の変法］
				○ 1898年，［戊戌の政変］
○ 1905年，［ベンガル分割令］	○ 1904年，［ファン＝ボイ＝チャウ］らが維新会を結成し，［ドンズー運動］を展開	○ 19世紀末，［サミン運動］	○ 1899年，［アギナルド］がフィリピン共和国の独立を宣言	
○ 1906年，インド国民会議［カルカッタ大会］［カルカッタ大会4綱領］決議			○ 1901年，［アギナルド］の逮捕・引退	
○ 1906年，［全インド＝ムスリム連盟］結成	○ 1907年，［ファン＝チュー＝チン］がハノイにドンキン義塾を設立	○ 1908年，［ブディ＝ウトモ］結成		
○ 1911年，［ベンガル分割令］廃止		○ 1911年，［イスラーム同盟］（［サレカット＝イスラーム］）結成		

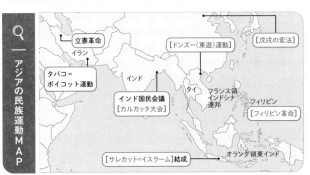

▲ホセ＝リサール

5分で流れをチェック | 重要語句

◎ 清では欧米列強の進出の中で[01]運動と呼ばれる反キリスト教運動が広がり，これを背景に山東省の[02]が[03]をスローガンに蜂起した。**清朝**もこれを支持して列強に宣戦したため，列強8カ国が共同出兵し，**北京**は占領され，[04]が結ばれた。……………………………………

◎ [02]事件後もロシアは満州を占領し続けたため，1902年，イギリスはそれまでの[05]政策を放棄し，日本と[06]同盟を結んだ。1904年，中国東北地方と朝鮮をめぐって[07]戦争が始まった。日本は**旅順攻略**，**奉天会戦**，[08]海戦で勝利したが長期戦には耐えられず，ロシアでは**血の日曜日事件**に続く[09]革命の発生で戦争遂行が不可能となった。その結果，アメリカ大統領[10]の仲介で[11]条約が結ばれた。……………………………………

◎ 日清戦争後の朝鮮は国号を[12]帝国とし，実質的独立をはかったが，20世紀初めの3度の[13]で日本の保護国となった。特に第2次[13]では日本は外交権を奪い[14]府を設置し，初代[14]に[15]が就任した。朝鮮民衆は各地で激しい[16]闘争を展開したが，日本は武力でこれを鎮圧した。1909年，独立運動家[17]がハルビン駅で[15]を暗殺したが1910年，日本は[18]を行い，[19]府を設置して朝鮮を植民地にした。………………

◎ [02]事件後の清朝では，**光緒新政**と呼ばれる諸改革が行われ，1905年には[20]が廃止され，1908年には[21]の発布と[22]の公約が行われた。**孫文**は1894年に**ハワイ**で[23]を，1905年には**東京**で[24]を結成し[25]を提唱した。1911年，清朝が**幹線鉄道国有化**を宣言すると，これに反対して[26]が発生し，[27]で**湖北新軍**が蜂起して[28]革命が勃発した。翌年，**孫文**を**臨時大総統**とする[29]が**南京**を首都にして建国した。孫文は[30]と取引きし，[30]は清朝を滅亡させ，臨時大総統になった。[30]は**北京**に遷都し，**帝政復活宣言**を出したが，内外の激しい反対から帝政は取り消され，その後病死した。………………

重要語句

01 仇教
02 義和団
03 「扶清滅洋」
04 北京議定書（辛丑和約）
05 「光栄ある孤立」
06 日英
07 日露
08 日本海
09 第1次ロシア
10 セオドア=ローズヴェルト
11 ポーツマス
12 大韓
13 日韓協約
14 統監
15 伊藤博文
16 義兵
17 安重根（アンジュングン）
18 韓国併合
19 朝鮮総督
20 科挙
21 憲法大綱
22 国会開設
23 興中会
24 中国同盟会
25 三民主義
26 四川暴動
27 武昌
28 辛亥
29 中華民国
30 袁世凱

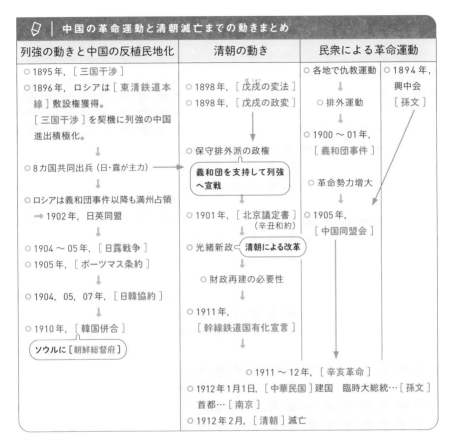

中国の革命運動と清朝滅亡までの動きまとめ

列強の動きと中国の反植民地化	清朝の動き	民衆による革命運動	
○ 1895年，［三国干渉］	○ 1898年，［戊戌の変法］	○ 各地で仇教運動	○ 1894年，興中会［孫文］
○ 1896年，ロシアは［東清鉄道本線］敷設権獲得。［三国干渉］を契機に列強の中国進出積極化。	○ 1898年，［戊戌の政変］	○ 排外運動	
○ 8カ国共同出兵（日・露が主力）	○ 保守排外派の政権　義和団を支持して列強へ宣戦	○ 1900～01年，［義和団事件］	
○ ロシアは義和団事件以降も満州占領 → 1902年，日英同盟	○ 1901年，［北京議定書］（辛丑和約）	○ 革命勢力増大	
○ 1904～05年，［日露戦争］ ○ 1905年，［ポーツマス条約］	○ 光緒新政　清朝による改革	○ 1905年，［中国同盟会］	
○ 1904，05，07年，［日韓協約］	○ 財政再建の必要性		
○ 1910年，［韓国併合］　ソウルに［朝鮮総督府］	○ 1911年，［幹線鉄道国有化宣言］		
	○ 1911～12年，［辛亥革命］		
	○ 1912年1月1日，［中華民国］建国　臨時大総統…［孫文］　首都…［南京］		
	○ 1912年2月，［清朝］滅亡		

(アフロ)

▲義和団事件で出兵した8カ国連合軍
（左からイギリス・アメリカ・ロシア・英領インド・ドイツ・フランス・オーストリア・イタリア・日本）

MY MEMO

KEYWORD
自分がまちがえやすい用語をメモしておこう!

CHAPTER 08

二つの世界大戦

🕐 5分で流れをチェック	☑ 重要語句

◉ ドイツ皇帝**ヴィルヘルム2世**は1890年，首相 [01] を引
退させ，ロシアと結んでいた [02] 条約の更新を拒否した。
ロシアはフランスと [03] 同盟を結び，フランスの孤立が無く
なることで [01] 体制は崩壊した。ドイツはオスマン帝国から
[04] 鉄道敷設権を獲得し，**ベルリン～ビザンティウム～**
[04] を結ぶ [05] 政策を進め，イギリスの [06] 政策と対
立することになった。イギリスは1902年に [07] 同盟を，
1904年に [08] 協商を，1907年に [09] 協商を成立させ，
ドイツ・オーストリア・イタリアの [10] に対抗する [11] が成
立した。……………………………………………………………

◉ バルカン半島においてもロシアは [12] 主義を，ドイツは
[13] 主義を主張して対立した。1908年，オスマン帝国の
[14] 革命をきっかけに [15] が独立し，オーストリアは [16]
を併合した。**セルビア**はこれに反発し，オーストリアのバルカ
ン進出に対抗して，ロシアの指導で**セルビア・ギリシア・ブル**
ガリア・モンテネグロが [17] 同盟を結成した。………………

◉ 1914年6月28日，[18] 事件が勃発し，オーストリアがド
イツの支持を得てセルビアに宣戦布告することで，諸国が同
盟国側と連合国側に分かれて戦う第一次世界大戦が始まっ
た。**イタリア**は，はじめ中立であったが1915年の [19] 条約
で**連合国側**として参戦した。日本は [07] 同盟を口実に参
戦し，1914年10月までにドイツ領 [20]，11月には [21]
湾を占領した。ヨーロッパの**西部戦線**は膠着状態で，**東部**
戦線では [22] の戦いでドイツが大勝した。1917年，ドイツ
が [23] 作戦を始めると，中立国 [24] が参戦した。一方，
ロシア革命の結果成立した [25] 政府はドイツと [26] 条約
を結んで戦争から離脱した。1918年，ドイツの**西部戦線大**
攻勢が失敗に終わると，[27] 軍港の水兵反乱が全国に波
及して [28] となり，ヴィルヘルム2世は [29] に亡命して新
たに [30] が成立し，連合国と休戦協定を結ぶことで第一
次世界大戦が終結した。……………………………………………

重要語句	
01	ビスマルク
02	再保障
03	露仏
04	バグダード
05	3B
06	3C
07	日英
08	英仏
09	英露
10	三国同盟
11	三国協商
12	パン=スラヴ
13	パン=ゲルマン
14	青年トルコ
15	ブルガリア
16	ボスニア・ヘル ツェゴヴィナ
17	バルカン
18	サライェヴォ
19	ロンドン秘密
20	南洋諸島
21	膠州
22	タンネンベルク
23	無制限潜水艦
24	アメリカ
25	ソヴィエト
26	ブレスト=リトフ スク
27	キール
28	ドイツ革命
29	オランダ
30	ドイツ共和国

🔖 | 国際対立の激化まとめ

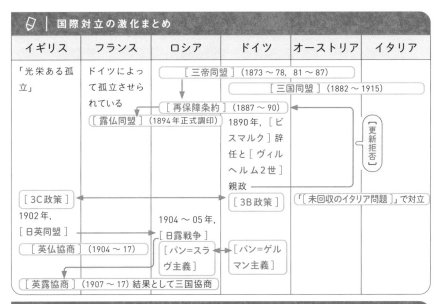

イギリス	フランス	ロシア	ドイツ	オーストリア	イタリア
「光栄ある孤立」	ドイツによって孤立させられている	[三帝同盟]（1873〜78，81〜87）			
			[三国同盟]（1882〜1915）		
		[再保障条約]（1887〜90）	1890年，[ビスマルク]辞任と[ヴィルヘルム2世]親政	[更新拒否]	
	[露仏同盟]（1894年正式調印）				
[3C政策]			[3B政策]	「[未回収のイタリア問題]」で対立	
1902年，[日英同盟]		1904〜05年，[日露戦争]			
[英仏協商]（1904〜17）		[パン=スラヴ主義]	[パン=ゲルマン主義]		
[英露協商]（1907〜17）結果として三国協商					

🔖 | 第一次世界大戦の展開まとめ

連合国側（三国協商）…27カ国
イギリス・フランス・ロシア・[日本]・セルビア[イタリア]（1915〜）・[アメリカ]（1917〜）

↔ [イタリア]は当初中立

同盟国側（三国同盟）…4カ国
[ドイツ・オーストリア・オスマン帝国・ブルガリア]

西部戦線

- 1914年マルヌの戦い
- 1915[イタリア]，連合国側で参戦
- 1916年ヴェルダンの戦い
- 1916年ソンムの戦い勝敗決着せず，[総力戦]へ
- 1917年ドイツの[無制限潜水艦作戦]
  ↓
- 1917年[アメリカ]の参戦

日本の参戦

- [日英同盟]を口実
- ドイツ領[南洋諸島]と[膠州湾]占領
- 1915年中国に[二十一カ条要求]

東部戦線

- 1914年[タンネンベルクの戦い]でロシア軍敗北，ドイツ軍大勝
- ドイツ軍，ロシア領に深く侵入

同盟国の敗北

- 1918年ブルガリア・オスマン帝国・オーストリア降伏
- 1918年[キール軍港]水兵反乱 → [ドイツ革命] → ドイツ共和国

ロシア革命

- 1918年[ブレスト=リトフスク条約]ドイツ ↔ ソヴィエト政府

第一次世界大戦から離脱

◉ ロシアでは1917年3月8日，首都の［ 01 ］で大規模なストライキが発生し，労働者・兵士が各地に［ 02 ］を組織した。皇帝［ 03 ］は退位し，［ 04 ］朝は滅亡した。これを［ 05 ］革命と呼ぶ。新たに誕生した臨時政府は［ 06 ］党を中心に**社会革命党**の一部と**メンシェヴィキ**を加えて成立した。しかし［ 02 ］が活動を維持したため，不安定な［ 07 ］状態となった。

◉ **ボリシェヴィキ**の指導者**レーニン**が亡命先の［ 08 ］から帰国し，［ 09 ］を発表し，スローガンとして［ 10 ］を掲げた。一方，臨時政府では社会革命党の［ 11 ］が首相となり，**戦争継続**を主張した。1917年11月7日，ボリシェヴィキの武装蜂起で［ 11 ］政権は崩壊し，翌8日，［ 12 ］会議が開催され，新政権の成立が宣言され，無併合・無賠償・民族自決の原則に基づく［ 13 ］，地主の土地を無償で没収する［ 14 ］を採択した。これが［ 15 ］革命である。

◉ 1917年11月25日の普通選挙で社会革命党が第一党になったため，レーニンは武力で議会を閉鎖・解散し，ボリシェヴィキの一党独裁を実現した。ボリシェヴィキは［ 16 ］と改称し，首都を［ 17 ］とした。外務人民委員となった［ 18 ］はドイツと単独講和をして［ 19 ］条約を結んで第一次世界大戦から単独離脱をした。

◉ 革命の拡大を恐れた連合国は反革命軍である［ 20 ］を援助し，各地を占領した。これを［ 21 ］戦争という。日本軍を主力とした［ 22 ］出兵はその代表例である。**ソヴィエト政府**は対策として非常委員会である［ 23 ］を設置して反革命派を取り締まり，義勇兵を中心に［ 24 ］を組織し，［ 17 ］に［ 25 ］を創設して**世界革命**を指導した。また経済政策として［ 26 ］主義がとられたが，経済が荒廃したため，［ 27 ］政策，略称［ 28 ］が行われた。1922年には［ 29 ］が成立した。同年，ドイツと［ 30 ］条約を結んで国交を回復した。

🏳 | ロシア革命の流れまとめ

政府	革命勢力の動き	対外戦争
○ ロマノフ朝　皇帝 [ニコライ2世] ↓		第一次世界大戦（1914〜18年）戦況不利
○ [三月革命]（1917年3月）◀── [ニコライ2世] 退位ロマノフ朝滅亡	○ 1917年3月8日，首都 [ペトログラード] で大規模なストライキ	
○ [臨時政府]（戦争継続）▶二重権力◀ 社会革命党の [ケレンスキー内閣]	○ 各地で [ソヴィエト] 組織（戦争反対） ↓　　　　　[四月テーゼ] ○ [ソヴィエト] 内で [ボリシェヴィキ] の勢力拡大	
○ [十一月革命]（1917年11月）◀── [ケレンスキー内閣] 崩壊	○ [ボリシェヴィキ] 武装蜂起（1917年11月7日） ↓ ○ 1917年11月8日 　[全ロシア=ソヴィエト会議] で新政権成立 「[平和に関する布告]」「[土地に関する布告]」	

🏳 | ソヴィエト政権成立の流れまとめ

経済政策	ソヴィエト政権	対外戦争
	○ 1918年1月19日，[ボリシェヴィキ] 独裁	
	○ 1918年3月3日，外務人民委員 [トロツキー] ── ▶	○「 ブレスト=リトフスク条約 」◀ ドイツ
	○ 1918年3月，ボリシェヴィキ → [ロシア共産党]	
	○ 1918年3月，首都を [モスクワ]（ソヴィエト政府の対策）	
○ [戦時共産主義]（1918〜21年） ↓	○ 1917年12月，[チェカ] ◀──	○ [対ソ干渉戦争]（1918年4月〜22年末）
	○ 1918年1月，[赤軍] ◀──	▶ 反革命軍（白軍）
○ [新経済政策]（[ネップ]）（1921〜28年頃）	○ 1919年，モスクワに [コミンテルン] ↓	▶ [世界革命]
	○ 1922年，[ソヴィエト社会主義共和国連邦]	
	○ 1922年，ドイツと [ラパロ条約]	

◎ 第一次世界大戦後，開かれた講和会議が［ 01 ］講和会議である。アメリカ大統領［ 02 ］が提唱した［ 03 ］が基本原則であった。中心となったのはアメリカ大統領［ 02 ］，イギリス首相［ 04 ］，フランス首相［ 05 ］などで敗戦国に報復的な態度がとられた。ドイツと連合国との間の講和条約が［ 06 ］条約であった。［ 07 ］をフランスに返還し，［ 08 ］の非武装化などが決まり，賠償金については最終的に［ 09 ］億金マルクと決定した。同様にしてオーストリアとは［ 10 ］条約，ブルガリアとは［ 11 ］条約，ハンガリーとは［ 12 ］条約，オスマン帝国とは［ 13 ］条約が結ばれた。［ 03 ］の中で重要な［ 14 ］の原則は部分的にしか実現できず，ヨーロッパには8カ国が誕生したが，旧オスマン帝国領であった**イラク・パレスチナ・トランスヨルダン**は［ 15 ］が，**シリア**と**レバノン**は［ 16 ］がそれぞれ委任統治領として管理することになった。……………………

◎ ［ 02 ］の［ 03 ］の原則にしたがって創設された，史上初の集団的国際安全保障機構が［ 17 ］で，本部はスイスの［ 18 ］に置かれた。しかし，提唱国である［ 19 ］の不参加，**ソ連**と**ドイツ**の排除，**各国1票制**で［ 20 ］の原則，制裁規定が不明確であるなど，欠点も多かった。［ 06 ］条約から［ 21 ］まで続いた体制を［ 06 ］体制と呼ぶ。……………………

◎ 1921〜22年，アメリカ大統領［ 22 ］の提唱で開催されたのが［ 23 ］会議である。［ 24 ］条約はアメリカ・イギリス・日本・フランス・イタリアの5カ国で調印された海軍軍縮のための条約であった。また，［ 25 ］条約では**太平洋の現状維持**，［ 26 ］条約では**中国の主権尊重**，**領土保全**などの原則を確認した。……………………

◎ 1925年，西ヨーロッパの安全保障条約として［ 27 ］条約が結ばれ，［ 28 ］が［ 17 ］に加盟した。1928年にはフランス外相［ 29 ］とアメリカ国務長官［ 30 ］の提唱で，戦争違法化の先例となった国際法である［ 31 ］条約（［ 29 ］・［ 30 ］条約）が結ばれた。……………………

| 重要語句

01 パリ
02 ウィルソン
03 十四カ条
04 ロイド=ジョージ
05 クレマンソー
06 ヴェルサイユ
07 アルザス・ロレーヌ
08 ラインラント
09 1320
10 サン=ジェルマン
11 ヌイイ
12 トリアノン
13 セーヴル
14 民族自決
15 イギリス
16 フランス
17 国際連盟
18 ジュネーヴ
19 アメリカ
20 全会一致
21 世界恐慌
22 ハーディング
23 ワシントン
24 ワシントン海軍軍備制限
25 四カ国
26 九カ国
27 ロカルノ
28 ドイツ
29 ブリアン
30 ケロッグ
31 不戦

📖 | 第一次世界大戦の講和条約　まとめ

1919年パリ講和会議…ウィルソンの「[十四カ条]」の原則

講和条約

- 1919年 [ヴェルサイユ条約]
- 全植民地放棄 　**対ドイツ**
- [アルザス・ロレーヌ] 地方
  ➡ フランスへ
- [ポーランド回廊]
  ➡ ポーランドへ
- [ラインラント] の非武装化
- 軍備削減
- 巨額の賠償金

- 1919年 [サン＝ジェルマン条約]┐**対オーストリア**
- 領内からチェコスロヴァキア・ユーゴスラヴィア・ハンガリー・ポーランドが独立。面積・人口ともに4分の1に。

- 1919年 [ヌイイ条約]　**対ブルガリア**

- 1920年 [トリアノン条約]　**対ハンガリー**

- 1920年 [セーヴル条約]┐**対オスマン帝国**
  ➡ 1923年 [ローザンヌ条約] が結ばれ，廃棄。

1920年1月 [国際連盟]

- ウィルソンの「[十四カ条]」の原則
- 史上初の集団的国際安全保障機構
- 本部…スイスの [ジュネーヴ]
- 欠点 ① [アメリカ] が不参加
  ② ドイツとソ連の排除
  ③ 各国1票制で [全会一致] の原則
  ④ 制裁規定が不明確で軍事力を持っていない

1921〜22年 [ワシントン会議]

- アメリカ大統領 [ハーディング] の提唱
- ① 1922年 [ワシントン海軍軍備制限条約] 主力艦保有比率を米英日仏伊で5:5:3:1.67:1.67に規定
- ② 1921年 [四カ国条約]（米英日仏）
  [太平洋] の現状維持
- ③ 1922年 [九カ国条約]
  [中国] の主権・独立の尊重・領土保全を約束
- [ワシントン体制]…アメリカ中心

📖 | ヴェルサイユ体制とワシントン体制（1920年代の国際秩序の柱）

体制名	条約・会議	中　心	地　域	目　的
ヴェルサイユ体制	ヴェルサイユ条約	国際連盟	ヨーロッパ	敗戦国ドイツが再び脅威となることの防止
ワシントン体制	ワシントン会議	アメリカ	アジア・太平洋	太平洋の現状維持・中国の門戸開放・日本の進出の抑制

🔍 ── ヴェルサイユ条約後のヨーロッパMAP

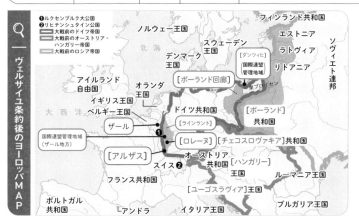

🕐 | 5分で流れをチェック

☑ | 重要語句

◉ イギリスでは1924年に誕生した第1次 [01] 内閣は初めての [02] 党内閣で，1929年の第2次 [01] 内閣で，初めて第一党になった。アイルランドでは [03] 党が即時独立を主張し，1922年に成立した [04] 国をイギリスは自治領として承認したが，1937年には国名を [05] として完全独立した。フランスでは [06] 内閣がドイツの賠償金不払いを理由に [07] をさそって [08] 占領を強行した。その後，外相となった [09] は国際協調路線をとった。……………………………

◉ ドイツではドイツ社会民主党の [10] が大統領となり [11] 憲法を制定した。[08] 占領に対しては不服従運動で抵抗したため破滅的なインフレーションを招いたが，[12] 内閣が新紙幣 [13] を発行することでインフレは奇跡的に収まった。賠償問題では1924年の [14] 案で [15] 資本の導入，1929年の [16] 案では賠償金額を358億金マルクに削減，さらに1932年の [17] 会議で賠償金額は30億金マルクまで減額することが決まったが，[18] 内閣は一方的に支払いを拒否した。イタリアでは**ムッソリーニ**率いる [19] 党が1922年に「[20]」を行ない，ムッソリーニは首相になって一党独裁体制を確立した。ムッソリーニ政権は1929年の [21] 条約でローマ教皇庁と和解した。……………………………

◉ ソ連ではレーニンの死後，後継者をめぐって [22] 論を主張したスターリンと [23] 論を主張したトロツキーが争ったが，スターリンがトロツキーを追放して独裁権を確立した。スターリンは経済政策として [24] 計画と呼ばれる計画経済を導入した。1928年に始まった第1次 [24] 計画では農業の集団化が進められ，[25] と呼ばれる**集団農場**や [26] と呼ばれる**国営農場**が設立された。アメリカは第一次世界大戦後，債務国から [27] 国となり，[28] には不参加であったが国際政治で指導的役割を果たした。1921年以降，3代12年間にわたって [29] 党の大統領が続いた。1924年には「[30] 法が成立しアメリカ合衆国への [30] が制限された。………

♦ | ヴェルサイユ体制下の欧米諸国の動きまとめ

アメリカ	イギリス	フランス	ドイツ	イタリア	ソ連
○ 債務国 → 債権国	○ 1916 ~ 22年 [ロイド = ジョージ] 挙国一致内閣		○ [ドイツ社会 民主党] 政権	○ 1919年 [ムッソリーニ] がファシスト党結成	
○ [国際連盟] 不参加		○ 1922 ~ 24年 [ポワンカレ] 内閣	○ 1919年 [ヴァイマル 憲法]		○ 1922年 [ソヴィエト社会主義共和国連邦]
○ 1921年~ 共和党政権 (3代12年間)	○ 1918年 第4回選挙法改正		1923 ~ 25年ルール占領	○ 1922年 [ローマ] 進軍	
○ [ハーディング] 大統領 (任1921 ~ 23)	○ 1924年 第1次 [マクドナルド] 内閣	○ 1924 ~ 26年 左派連合政権	○ 破滅的インフレーション ↓	○ 1924年 [フィウメ] 併合	○ 1924年 [レーニン] 死 ↓
○ [クーリッジ] 大統領 (任1923 ~ 29)	初の [労働党] 内閣	○ 1925年, [ルール撤兵]	○ 1923年 [シュトレーゼマン内閣] が新紙幣 [レンテンマルク] を発行 → インフレ克服	○ 1926, 27年 [アルバニア] 保護国化 ○ 1926年 一党独裁	[スターリン] の一国社会主義論と [トロツキー] の世界革命論との対立 ↓
		○ 外相 [ブリアン]	○ 外相 [シュトレーゼマン]		
		1925年ロカルノ条約			
○ [フーヴァー] 大統領 (任1929 ~ 33)	○ 1928年 第5回選挙法改正 ○ 1929 ~ 31年 第2次 [マクドナルド] 内閣	○ 1926 ~ 29年 [ポワンカレ] 挙国一致内閣 ○ 1928年外相 [ブリアン] の[不戦条約]	○ 1926年 [国際連盟] 加入		○ 1930年代初め [スターリン] 独裁 ○ 1928 ~ 32年 第1次 [五カ年計画] (計画経済)
			○ 1929年 [ラテラノ条約]		

▲ 札束をおもちゃにして遊ぶ子どもたち

▲ ローマ進軍

🕐 | 5分で流れをチェック

☑ | 重要語句

🔘 1910年の韓国併合後の朝鮮では，日本の [01] が厳しい [02] 政治を行ったことから，第一次世界大戦後「**朝鮮独立万歳**」を叫ぶ示威運動が朝鮮全土に広がる [03] 運動が発生した。そのため [01] は [02] 政治から [04] 政治へと統治方針を転換した。……………………………

🔘 中国では**陳独秀**が雑誌 [05] を発行して展開した口語文学運動を [06] 革命という。[07] はアメリカに留学して [08] の影響を受け，口語文学を提唱した。[09] は『**阿Q正伝**』『**狂人日記**』などの小説を発表した。中国は [10] の取り消しを求め，**パリ講和会議**に提訴したが却下されたため，中国国内で全国的な反日，反帝国主義運動が広がった。これを [11] 運動と呼ぶ。このため中国政府は [12] 条約の調印を拒否した。……………………………

🔘 1919年，[13] が [14] を改組して成立したのが**中国国民党**で，ソ連の [15] の支援で成立したのが**中国共産党**であった。1924年，中国国民党が三大新政策 [16] を採択したことで両党は協力して第1次 [17] が成立した。中国国民党の軍隊として [18] が創設された。1925年に [13] は病死し，その後，上海で反帝国主義運動である [19] 運動が発生した。中国国民党は [20] に**中華民国国民政府**を組織した。……………………………

🔘 [18] による北方軍閥制圧のための軍事行動を [21] といい，1926年，[22] が総司令官となり開始された。1927年，[21] の途上で [22] は [23] で共産党を弾圧し [17] は終了した。[22] は [24] に国民政府を樹立した。1928年，[21] は再開され，[18] は**北京**を攻撃した。その際に北京から撤退する**奉天軍閥**の [25] の列車を日本の [26]軍が爆破するという [25] 爆殺事件が起きている。[18] が北京を占領すると [25] の長男の [27] は [22] を支持し，[21] は完了し，[22] と中国国民党による中国の統一が達成された。一方で中国共産党は [28] を首都にして [29]臨時政府を成立させ，主席に [30] が就任した。……………

01 朝鮮総督府
02 武断
03 三・一独立
04 文化
05 『新青年』
06 文学
07 胡適
08 プラグマティズム
09 魯迅
10 二十一カ条（の）要求
11 五・四
12 ヴェルサイユ
13 孫文
14 中華革命党
15 コミンテルン
16 連ソ・容共・扶助工農
17 国共合作
18 国民革命軍
19 五・三〇
20 広州
21 北伐
22 蔣介石
23 上海クーデタ
24 南京
25 張作霖
26 関東
27 張学良
28 瑞金
29 中華ソヴィエト共和国
30 毛沢東

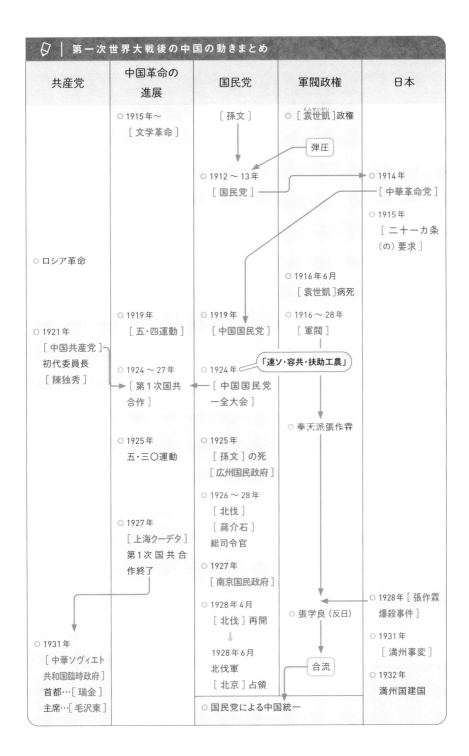

第一次世界大戦後の中国の動きまとめ

共産党	中国革命の進展	国民党	軍閥政権	日本
	○1915年～ [文学革命]	[孫文]	○[袁世凱]政権	
		○1912～13年 [国民党]	弾圧	○1914年 [中華革命党]
				○1915年 [二十一カ条 (の)要求]
○ロシア革命			○1916年6月 [袁世凱]病死	
○1921年 [中国共産党] 初代委員長 [陳独秀]	○1919年 [五・四運動]	○1919年 [中国国民党]	○1916～28年 [軍閥]	
	○1924～27年 [第1次国共合作]	○1924年 [中国国民党 一全大会]	「連ソ・容共・扶助工農」	
	○1925年 五・三〇運動	○1925年 [孫文]の死 [広州国民政府]	○奉天派張作霖	
		○1926～28年 [北伐] [蔣介石] 総司令官		
	○1927年 [上海クーデタ] 第1次国共合作終了	○1927年 [南京国民政府]		
		○1928年4月 [北伐]再開 ↓ 1928年6月 北伐軍 [北京]占領	○張学良(反日)	○1928年[張作霖 爆殺事件]
○1931年 [中華ソヴィエト 共和国臨時政府] 首都…[瑞金] 主席…[毛沢東]			合流	○1931年 [満州事変] ○1932年 満州国建国
		○国民党による中国統一		

☑ | 重要語句

◉ インドシナでは1925年, **ホー＝チ＝ミン**が［ 01 ］を結成し, それを母体に, 1930年, ［ 02 ］が成立し, 独立闘争の主体となった。フィリピンはアメリカの［ 03 ］大統領によって**フィリピン独立法**が制定された。インドネシアではアジア最初の共産党である［ 04 ］が1920年に結成され, 1927年には［ 05 ］の指導によりインドネシア国民党が結成された。ビルマでは［ 06 ］党が完全独立を要求した。……………………………………

◉ 第一次世界大戦後のインドでは, 1919年に反英運動の弾圧が目的の［ 07 ］法が制定されたため, ［ 08 ］事件が起きた。同年に制定された［ 09 ］法も自治とはほど遠い内容であった。1929年, ［ 10 ］が主導した国民会議派の［ 11 ］大会では完全独立を意味する［ 12 ］を決議した。並行して［ 13 ］による非暴力・不服従運動も展開している。イギリスはロンドンにインド人代表を招いて［ 14 ］を開催したが, 失敗し, 1935年には［ 15 ］法を制定したが, 完全独立にはほど遠い内容であった。……………………………………………………

◉ オスマン帝国は第一次世界大戦に敗北後, ［ 16 ］条約を結んだが, 亡国的内容であった。条約に反対した［ 17 ］は**トルコ革命**を起こして**トルコ共和国**を樹立し, 連合国と新たに［ 18 ］条約を結んだ。トルコ共和国は近代化政策として, 1924年の［ 19 ］制廃止で政教分離が, 1925年の［ 20 ］解放で一夫一妻制が, 1928年の［ 21 ］改革でローマ字の採用がそれぞれ実行された。イギリスはオスマン帝国打倒のために, 1915年の［ 22 ］協定（書簡）で［ 23 ］人の独立を約束し, 1916年の［ 24 ］協定でパレスチナの国際管理を, 1917年の［ 25 ］宣言ではパレスチナにおける［ 26 ］人国家の樹立を支持した。……………………………………………

◉ エジプトでは［ 27 ］党を中心とする反英独立闘争から**エジプト王国**が成立し, アラビア半島では［ 28 ］が**サウジアラビア王国**を建国し, **カージャール朝**では［ 29 ］のクーデタで［ 30 ］朝が成立した。……………………………

トルコ革命	インド
○ オスマン帝国	○ 1917年　イギリスのインド相モンタギューが戦後の自治を約束 ➡ 参戦・対英協力 ➡ 兵員と物資を供給 ➡ 結果として履行されず
○ 1919 〜 22年 [ギリシア=トルコ戦争] 連合国に支援されたギリシア軍が [イズミル]（スミルナ）を占領	○ 1919年 [ローラット法]
○ 1920年 [セーヴル条約]…領土削減・治外法権など亡国的内容	○ 1919年 [アムリットサール事件]
○ 1919 〜 23年 [トルコ革命]	○ 1919年 [インド統治法]…大戦中の約束とはほど遠い内容
○ 1920年 [ムスタファ=ケマル] が [アンカラ]で [トルコ大国民議会] を開催	○ 1919 〜 22年 [ガンディー] による非暴力・不服従運動（第1次）
○ 1922年　ギリシア軍を破り，[イズミル] 回復	
○ 1922年 [スルタン制] 廃止 ➡ オスマン帝国滅亡	
○ 1923年 [ローザンヌ条約]…イズミル，イスタンブル周辺などを回復	○ 1929年，国民会議派の [ラホール大会]…[ネルー] 指導 「[プールナ=スワラージ]（完全独立）」を決議
○ 1923年〜 [トルコ共和国] 成立 首都 [アンカラ] 初代大統領 [ムスタファ=ケマル]	○ 1930 〜 34年 [ガンディー] による非暴力・不服従運動（第2次）
○ 1924年 [カリフ制] 廃止	○ 1930年　ガンディーの「塩の行進」
○ 1925年 [女性解放]	○ 1930 〜 32年 [英印円卓会議]
○ 1928年 [文字改革]	○ 1935年 [新インド統治法]…連邦制と各州の責任自治確立，完全独立の要求は無視

協定	内容
1915年 [フセイン（フサイン）・マクマホン協定]	アラブの指導者フセインとイギリスのエジプト高等弁務官マクマホンとの往復書簡によってできた協定。大戦終了後，帝国統治下の<u>アラブ人の独立国家を認める</u>という内容。戦後，イギリスは無視。パレスチナ問題発生
1916年 [サイクス・ピコ協定]	英・仏・露によるオスマン帝国領の分割，<u>パレスチナの国際管理</u>を約束。ロシア革命政権によって暴露され，アラブ人を憤慨させる
1917年 [バルフォア宣言]	イギリス外相バルフォアが，<u>パレスチナにおけるユダヤ人の建国支持</u>を表明したもの。ユダヤ系金融資本の協力を得るため

戦後のパレスチナ ➡ イギリスの委任統治領 ➡ アラブ人とユダヤ人との抗争 ➡ 現在まで続くパレスチナ問題

🔘 1929年10月24日は［ 01 ］の木曜日と呼ばれ，［ 02 ］の**ウォール街**で株価が大暴落した。当時，世界各国の経済がアメリカに依存していたため恐慌が全世界に広がり［ 03 ］と呼ばれる状態になった。アメリカの［ 04 ］大統領は1931年，［ 05 ］を発表し，［ 06 ］の**賠償金**の支払いなどを1年間停止したが効果はなかった。…………………………

🔘 1933年に大統領に就任した［ 07 ］は恐慌対策として「**新規まき直し**」を意味する［ 08 ］を実行した。農産物価格の引き上げをはかった［ 09 ］法（AAA），企業間の競争の制限を認めた［ 10 ］法（NIRA），大規模な開発による雇用促進を目指した［ 11 ］川流域開発公社（TVA），労働者の**団結権**と**団体交渉権**を認めた［ 12 ］法などのさまざまな政策を実行した。対外的には1933年に［ 13 ］を承認し，［ 14 ］外交政策により，［ 15 ］諸国への介入と干渉を排し，関係改善に努めた。…………………………

🔘 イギリスでは［ 16 ］党単独内閣である第2次［ 17 ］内閣が誕生したが［ 18 ］削減を巡って総辞職した。その後，［ 17 ］は保守党・自由党と結んで［ 17 ］挙国一致内閣を組織した。この内閣は1932年の［ 19 ］連邦会議で排他的な**ブロック経済**方式の採用を決定して［ 20 ］が成立した。フランスもブロック経済方式を採用し，これを［ 21 ］と呼ぶ。フランスでは選挙で社会党・急進社会党・共産党の［ 22 ］派が勝利し，社会党の［ 23 ］を首相として［ 22 ］内閣が成立した。…………

🔘 日本では1931年，**関東軍**がみずから［ 24 ］鉄道を爆破するという［ 25 ］事件を起こし，軍事行動を開始した。これを［ 26 ］という。**国際連盟**は［ 27 ］調査団を**満州**に派遣したが，日本はこの報告書を全面的に拒否し，1933年には国際連盟を脱退した。1932年，日本は［ 28 ］を建国した。1932年の［ 29 ］事件では**犬養首相**が暗殺され，政党内閣が終わり，1936年の［ 30 ］事件では陸軍将校の決起事件が起きるなど，軍部の台頭がその後も続いた。…………………………

⬦ | 世界恐慌勃発の流れ

1929年10月24日（[暗黒の木曜日]）ニューヨークのウォール街で株価大暴落

アメリカの [フーヴァー] 大統領 1931年，[フーヴァー＝モラトリアム] ドイツの賠償金支払い1年間停止	アメリカ経済 大混乱 → アメリカ資本の 引き下げ → ドイツ経済 大混乱

[世界恐慌] ← ヨーロッパ経済恐慌

⬦ | 世界恐慌時の各国の政策まとめ

国	政策
アメリカ	○ [フランクリン＝ローズヴェルト] 大統領（任1933～45年）民主党 ○ [ニューディール]（1933～35年） ○ 自由放任主義をやめて，政府が経済に介入することで景気の立て直しを目指す（修正資本主義） ○ [農業調整法]（AAA）…農産物価格の上昇を目的とし，小麦・綿花・トウモロコシなど主要作物の作付面積や販売用生産を削減 ○ [全国産業復興法]（NIRA）…企業のカルテル結成を承認する一方，労働者の諸権利を保障し，産業界への国家統制を強化 ○ [テネシー川] 流域開発公社（TVA）…電力開発・治水・植林・農業の振興を目的とする地域総合開発計画 ○ [ワグナー法]…上院議員ワグナーが提案。労働者の団結権・団体交渉権を保障 ○ [善隣外交] ○ 1933年，[ソ連] 承認。34年，フィリピン独立法。34年，キューバ独立承認
イギリス	○ 第2次 [マクドナルド] 内閣（1929～31年）➡ 失業保険の削減提案（31年） 　　　　　　　　　　　　　　　　　➡ 与党労働党の反対で総辞職 ○ [マクドナルド] 挙国一致内閣（1931～35年）➡ オタワ連邦会議 ➡ 排他的なブロック経済方式を採用 ➡ [スターリング＝ブロック]
フランス	○ ブロック経済 ➡ [フラン＝ブロック] の成立 ○ [ブルム] 人民戦線内閣（1936～38年）…社会党・急進社会党の連立内閣で共産党が閣外協力。反ファシズム政策

🔍 世界各地のブロック経済圏MAP

スターリング（ポンド）
＝ブロック【イギリス】
ドル＝ブロック
【アメリカ】
ドイツの経済圏
円ブロック【日本】
フラン（金）＝ブロック
【フランス】

◉ 1919年に結成された**ドイツ労働者党**が1920年に [01] と改称した。通称は [02] 党（ナチス）と呼ばれた。21年には**ヒトラー**が党首となり，巧妙な大衆運動で支持を獲得していった。1923年にはヒトラーは [03] 一揆を起こすが失敗した。また，ナチスの軍事組織として [04]（**SA**）を，ヒトラー護衛のための部隊として [05]（**SS**）を組織した。1932年の選挙で [02] 党は第一党になり，翌33年にはヒトラーは首相になった。同年に起こった [06] 放火事件をナチスは [07] 党の犯行と決めつけて非合法化し，国会の3分の2の賛成で [08] 法を制定し，[02] 党の一党独裁を確立した。1934年，[09] 大統領が死去すると，ヒトラーは首相兼大統領として [10] に就任した。……………………………………

◉ **ナチス**のドイツは1933年，日本に続いて [11] を脱退し，1935年，住民投票により [12] 地方を編入した。さらに**ヴェルサイユ条約**を破棄して [13] を宣言し，**ロカルノ条約**を破棄して [14] に進駐した。自動車専用道路である [15] を大規模に建設することによって失業者を急速に減らすことに成功した。しかし，極端な民族主義から [16] 人を**強制収容所**へ送って弾圧した。**ムッソリーニ政権**のイタリアは1924年，[17] を併合し，26（27）年，[18] を保護国化し，1835年には [19] に侵入し36年には征服を完了した。スペインでは1936年，**人民戦線内閣**である [20] 内閣が成立すると右派軍人の [21] 将軍が**モロッコ**で反乱を起こした。人民戦線側は [22] と**国際義勇軍**が援助し，[21] 側はドイツとイタリアが援助した。イギリスとフランスは戦火の拡大を恐れて [23] 政策をとった。最終的に [21] 側が勝利し，[21] は独裁政治体制を確立した。……………………………………

◉ **蔣介石**（しょうかいせき）は [24] を完了させると共産党を攻撃して国内の統一を促進していった。共産党は [25] を開始し，[26] 宣言を出して抗日民族統一戦線の結成を呼びかけた。[27] で [28] らが蔣介石を幽閉するという [27] 事件を経て第2次 [29] が成立した。日本と中国は [30] 事件を機に日中戦争に突入した。……………………………………

	第一次世界大戦後のドイツの動きまとめ
1919 年	○ドイツ労働者党結成 — [ヒトラー] 参加
1920 年	○ [国民（国家）社会主義ドイツ労働者党] と改称 — 通称 [ナチ党]
1921 年	○ [ヒトラー] がナチ党党首となる ○突撃隊 (SA) 創設（34年，事実上解散）
1923 年	○ヒトラー，[ミュンヘン一揆] を起こすが失敗
1925 年	○親衛隊 (SS) 創設
1932 年	○選挙でナチ党が第一党
1933 年	○ [ヒトラー] 内閣成立 ➡ [国会議事堂放火事件] ➡ [全権委任法] 制定 　➡ ナチスによる一党独裁成立 ○日本に続いて [国際連盟] 脱退
1934 年	○ヒンデンブルク大統領の死 ➡ ヒトラー，[総統] に就任
1935 年	○住民投票により [ザール地方] を編入 ○ヴェルサイユ条約を破棄して [再軍備] を宣言 ○英独海軍協定を締結…イギリスはドイツに対英35%の軍艦を認める
1936 年	○ロカルノ条約を破棄して [ラインラント] に進駐 ○四カ年計画の発表… [アウトバーン] などの大規模な公共事業で失業者を急速に 　　　　　減らす ○ベルリン=ローマ枢軸 ○日独防共協定
1937 年	○日独伊防共協定

▲パブロ=ピカソ（画）「ゲルニカ」1937年　マドリード　国立ソフィア王妃芸術センター蔵

スペイン内戦下の1937年4月26日，フランコ軍を支持するドイツ・イタリア空軍がスペイン北部の町ゲルニカを無差別爆撃して1600人以上の死者が出たとされている。そのニュースを聞いて一気に描いたのが「ゲルニカ」で，ピカソは遺言で「市民の諸権利が回復するまで」作品がスペインに返還されることを拒んだ。1975年のフランコの死後，この作品は1981年になってようやくスペインに返還された。キュビズムを代表する作品の一つ。

68　第二次世界大戦

| 🕐 | 5分で流れをチェック | ☑ | 重要語句 |

◉ 1938年，ドイツは［ 01 ］を併合し，さらに［ 02 ］地方の割譲を要求した。**イギリス・フランス・ドイツ・イタリア**は［ 03 ］会談を開き，**イギリス首相ネヴィル＝チェンバレン**の［ 04 ］政策により**ヒトラー**の要求を認めることになった。ドイツは［ 05 ］を解体し，**ベーメン・メーレン**を保護領にし，**スロヴァキア**を保護国化した。1939年，ドイツとソ連は［ 06 ］を結んだ。同年，イタリアは［ 07 ］を併合している。……………………

◉ 1939年9月，ドイツは［ 08 ］に侵攻して**第二次世界大戦**が勃発した。ソ連もポーランド東部に侵攻し，その後は［ 09 ］3国に進撃，占領した。1940年5月，イギリスに［ 10 ］内閣が誕生し，6月には［ 11 ］が参戦した。ドイツ軍はパリを占領し，フランスの北半分はドイツが占領し，南半分は［ 12 ］を首班とする［ 13 ］政府が統治をした。フランスの［ 14 ］はロンドンに［ 15 ］政府という亡命政府を組織した。ドイツがバルカンを制圧すると，ソ連は［ 16 ］戦に備えて日本と［ 17 ］条約を締結した。1941年6月，［ 16 ］戦が開始され，8月にはアメリカの**ローズヴェルト**とイギリスの［ 10 ］が大西洋上で会談し，［ 18 ］を発表した。1941年12月には日本は［ 19 ］奇襲攻撃を行い，**太平洋戦争**が開始された。……………

◉ 1942年8月〜43年2月，［ 20 ］の戦いでドイツ軍は大敗北し，これが［ 16 ］戦の転機となった。1943年5月，ソ連は連合軍との結束強化のため［ 21 ］を解散させた。連合軍が［ 22 ］島に上陸すると**ムッソリーニ**は失脚し，［ 23 ］政権が成立してイタリアは無条件降伏した。1944年6月，米英軍主体の連合軍による［ 24 ］上陸作戦が決行され，パリは解放された。45年5月，ソ連軍によって［ 25 ］は陥落し，ドイツは無条件降伏し，ヨーロッパでの戦争は終結した。太平洋戦線では1942年の［ 26 ］海戦で日本海軍は壊滅的打撃を受け，その後，**サイパン島**が陥落すると［ 27 ］内閣は退陣した。1945年8月6日には［ 28 ］に，8月9日には［ 29 ］に原爆が投下されたのち，日本は［ 30 ］宣言を受諾して無条件降伏した。……………

01	オーストリア
02	ズデーテン
03	ミュンヘン
04	宥和
05	チェコスロヴァキア
06	独ソ不可侵条約
07	アルバニア
08	ポーランド
09	バルト
10	チャーチル
11	イタリア
12	ペタン
13	ヴィシー
14	ド＝ゴール
15	自由フランス
16	独ソ
17	日ソ中立
18	大西洋憲章
19	真珠湾
20	スターリングラード
21	コミンテルン
22	シチリア
23	バドリオ
24	ノルマンディー
25	ベルリン
26	ミッドウェー
27	東条英機
28	広島
29	長崎
30	ポツダム

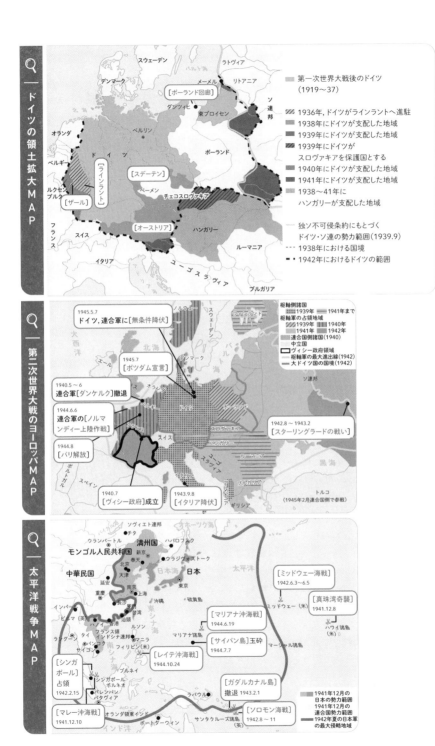

5分で流れをチェック

◉ 1941年，**大西洋上会談**で［ 01 ］が成立し，戦後民主主義の基本方針を示した。1944年，［ 02 ］会議で**国際連合憲章原案**が作成され，1945年の［ 03 ］会議に連合国50カ国が参加して**国際連合憲章**が採択された。**国際連合**は1945年10月24日，原加盟国51カ国，［ 04 ］を本部にして正式発足した。1948年の第3回国連総会では［ 05 ］宣言を採択した。全加盟国で構成されたのが［ 06 ］であったが，強大な権限は［ 07 ］にあり，［ 08 ］を保持する**5常任理事国**で構成されていた。1944年7月，［ 09 ］会議で［ 10 ］を基軸通貨とする**固定為替相場制**が決定された。国際通貨体制の確立と為替の安定を目的として［ 11 ］（**IMF**）が，戦後復興と発展途上国への融資を目的に［ 12 ］（**IBRD**）がそれぞれ創設された。国際的な自由貿易の維持・拡大を目的として［ 13 ］（**GATT**）が設立された。連合国は国際軍事裁判を行い，ドイツは［ 14 ］裁判で，日本は［ 15 ］裁判で戦争指導者が裁かれた。

◉ 1947年3月，アメリカはギリシア・トルコの共産主義化防止のために経済・軍事援助を行う［ 16 ］を発表し，［ 17 ］政策を開始した。同年6月に国務長官が［ 18 ］を発表し，ヨーロッパの経済復興のための援助を約束した。ソ連と東欧諸国はこれを拒否し，対抗して共産党の情報機関である［ 19 ］，経済協力機関として［ 20 ］を創設した。1948年，［ 21 ］に対応するため西欧5カ国は［ 22 ］条約を結び，防衛体制の強化をはかった。さらにドイツの**西側管理地区**で［ 23 ］が行われるとソ連は対抗手段として［ 24 ］封鎖を行った。翌年，［ 24 ］封鎖が解除されると西側管理地区に［ 25 ］を首都として［ 26 ］が，ソ連の管理地区に［ 27 ］を首都として［ 28 ］が成立した。米ソ両超大国を中心に**資本主義陣営**と**共産主義陣営**が対抗に続く対抗という流れで対立が深まっていった時代を［ 29 ］と呼び，対立と緊張が頂点に達したのが1950～53年の［ 30 ］であった。

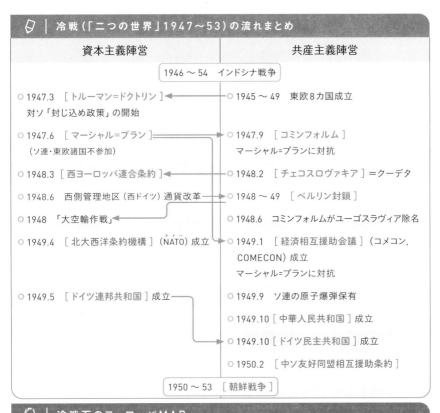

冷戦（「二つの世界」1947～53）の流れまとめ

資本主義陣営	共産主義陣営

1946 ～ 54　インドシナ戦争

- 1947.3　［トルーマン＝ドクトリン］
  対ソ「封じ込め政策」の開始
- 1945 ～ 49　東欧8カ国成立

- 1947.6　［マーシャル＝プラン］
  （ソ連・東欧諸国不参加）
- 1947.9　［コミンフォルム］
  マーシャル＝プランに対抗

- 1948.3　［西ヨーロッパ連合条約］
- 1948.2　［チェコスロヴァキア］＝クーデタ

- 1948.6　西側管理地区（西ドイツ）通貨改革
- 1948 ～ 49　［ベルリン封鎖］

- 1948　「大空輸作戦」
- 1948.6　コミンフォルムがユーゴスラヴィア除名

- 1949.4　［北大西洋条約機構］（NATO）成立
- 1949.1　［経済相互援助会議］（コメコン，COMECON）成立
  マーシャル＝プランに対抗

- 1949.5　［ドイツ連邦共和国］成立
- 1949.9　ソ連の原子爆弾保有

- 1949.10　［中華人民共和国］成立

- 1949.10　［ドイツ民主共和国］成立

- 1950.2　［中ソ友好同盟相互援助条約］

1950 ～ 53　［朝鮮戦争］

冷戦下のヨーロッパMAP

MY MEMO

KEYWORD
自分がまちがえやすい用語をメモしておこう！

CHAPTER 09

冷戦から現代へ

5分で流れをチェック

◉ 1953年, アメリカで [01] 大統領が登場し, ソ連の独裁者 [02] が死去したことで決定的な対立の時代は終わり「[03]」という時期に入った。前の「冷戦」の対立期の戦争が終結することになり, [04] 休戦協定で [04] 戦争が, [05] 休戦協定で**インドシナ戦争**がそれぞれ休戦した。1955年5月には [06] 国家条約が締結され [06] は**永世中立国**となった。1955年7月にはアメリカ大統領 [01], イギリス首相 [07], フランス首相フォール, ソ連首相 [08] が出席して [09] 会談が開かれた。1949年4月, アメリカを中心とする反ソ軍事同盟として [10] 条約機構 (**NATO**) が設立されていたが, 1954年10月, [11] 協定が成立し, [12] の主権回復と再軍備を承認し, NATO加盟を決定した。これに対抗してソ連は軍事同盟として1955年5月 [13] 条約機構を結成した。[03] の間にも対立はあったのである。‥‥‥‥

◉ 1956年2月, [14] 党第20回大会で [15] は [02] 批判と, [16] 政策を掲げた。これにしたがって同年4月にはソ連は [17] を解散している。[02] 批判は内外に大きな反響を呼び, [18] では1956年6月, [18] 反政府反ソ暴動 (ポズナニ暴動) が発生したが, 10月に誕生した [19] 政権が事態を収拾した。ハンガリーでは新首相 [20] が共産党一党独裁廃止・[13] 条約機構からの脱退を宣言すると, ソ連軍の全面介入で失脚した。これを**ハンガリー反ソ暴動**という。東ドイツは1961年8月, [21] を構築した。一方で [16] 政策は中国の反発を招き, [22] が始まった。1962年の [23] 以降は両国の対立は激化した。1963年, モスクワで [24] が調印され, 冷戦の一転機となった。1964年, [15] は突然解任され, [25] 政権が誕生し [26] が首相となった。1968年1月, チェコスロヴァキアで「[27]」という自由化運動によって [28] 政権が崩壊し, [29] 政権が誕生した。[29] 政権は「[30] をした社会主義」をスローガンに掲げた。しかし, **ソ連軍のチェコ軍事介入で** [29] はソ連に連行された。‥‥‥‥‥‥‥

🛡 | 冷戦（「雪どけ」1953〜56）の流れまとめ

おもな動き	資本主義陣営	共産主義陣営
	○ 1953.1 ［アイゼンハワー米大統領］	
		○ 1953.3 ［スターリン］死亡（集団指導体制）
○ 1953.7 ［朝鮮休戦協定］		
○ 1954.7 ［ジュネーヴ休戦協定］（インドシナ戦争休戦）		
	○ 1954.10 ［パリ協定］（西独 NATO 加盟）	
○ 1955.5 ［オーストリア国家条約］（永世中立国）		○ 1955.5 ［ワルシャワ条約機構］結成
○ 1955.7 ［ジュネーヴ 4 巨頭会談］		
○ 1955.9 ソ連－西独国交回復		

左からソ連首相ブルガーニン，アメリカ大統領アイゼンハワー，フランス首相フォール，イギリス首相イーデン。1955年，第二次世界大戦後初の東西首脳会談が実現した。会議そのものは具体的成果はなかったが，「雪どけ」の象徴的出来事であった。

▲ジュネーヴ 4 巨頭会談

▲ソ連共産党第 20 回大会で演説するフルシチョフ

▲1968年8月，チェコスロヴァキアに侵攻したワルシャワ条約機構軍の戦車が燃えて，国旗を掲げるチェコスロヴァキアの人々

71 冷戦2

5分で流れをチェック

◉ ソ連と[01]8カ国と中国が共産主義圏を形成する中で、アメリカ・イギリスによるソ連包囲網が構築されていった。1949年に12カ国によって[02]が結成された。1951年にはアメリカ・オーストラリア・ニュージーランドによって[03]条約（ANZUS）が、1954年には米・英・仏など8カ国によって[04]条約機構（SEATO）が、1955年には西アジアの国々とイギリスによって[05]条約機構（METO）が結成され、1959年のイラク脱退後は[06]条約機構（CENTO）が再結成された。冷戦は核開発競争の時代でもあった。原子爆弾の実験は1945年に[07]が成功すると、1949年に[08]が原子爆弾を保有し、1952年に[09]、1960年に[10]、1964年に[11]、1974年に[12]、1998年に[13]がそれぞれ保有した。

◉ 1965年の**北ベトナム爆撃**にともなう[14]戦争の泥沼化によってアメリカの威信にかげりがではじめた。一方で西ドイツでは[15]首相の指導の下で**奇跡の経済復興**が行われ、日本でも1960年代の[16]によって先進国の仲間入りを果たした。1966年にはフランスが[02]の軍事機構から脱退するなど、アメリカから離れる動きも見られた。西ヨーロッパではフランス・西ドイツ・イタリア・[17]3国による統合の動きが見られ、1952年に[18]共同体（ECSC）、1958年には[19]共同体（EEC）、[20]共同体（EURATOM）が結成され、これら3つの共同体がさらに統合して1967年には[21]共同体（EC）が結成された。

◉ 中国では1958年から[22]が[23]政策を強引に行い、農村共同体として[24]を設立したが大失敗に終わった。代わって国家主席になった[25]は経済計画の見直しを行った。ソ連の平和共存政策を中国が批判したことから[26]が始まり、1959年、ソ連は[27]を一方的に破棄した。[22]が権力奪取のために発動した権力闘争が[28]で、[25]・[29]らを実権派として批判し、[25]らは失脚した。

重要語句

01 東欧
02 北大西洋条約機構（NATO）
03 太平洋安全保障
04 東南アジア
05 バグダード
06 中央
07 アメリカ
08 ソ連
09 イギリス
10 フランス
11 中国
12 インド
13 パキスタン
14 ベトナム
15 アデナウアー
16 高度経済成長
17 ベネルクス
18 ヨーロッパ石炭鉄鋼
19 ヨーロッパ経済
20 ヨーロッパ原子力
21 ヨーロッパ
22 毛沢東
23 「大躍進」
24 人民公社
25 劉少奇
26 中ソ論争
27 中ソ技術協定
28 プロレタリア文化大革命
29 鄧小平

[北大西洋条約機構]
（NATO）　1949年成立

[日米安全保障条約]
1951年成立

米韓相互防衛条約
1953年成立

[バグダード条約機構]
（METO）　1955年成立

米華相互防衛条約
1954年成立，79年解消

[中央条約機構]
（CENTO）　1959年成立

東欧　ソ連
中国

米比相互防衛条約
1951年成立

インド

[東南アジア条約機構]
（SEATO）　1954年

[太平洋安全保障条約]
（ANZUS）1951年成立

[中ソ友好同盟相互援助]条約
（1950年発足）

[日米安全保障]条約
（1951年発足）

中央条約機構
（CENTO）
（1959年発足）

[太平洋安全保障]条約
（ANZUS）
（1951年発足）

米州機構
（OAS）
（1948年発足）

▨▨▨…[東南アジア条約機構]
（SEATO）
（1954年発足）

■ 資本主義国家
■ 社会主義国家

（アフロ）

世界

民共和国万歳

▲プロレタリア文化大革命

5分で流れをチェック

◎ 米ソ二大陣営のいずれにも属さないで積極中立を主張する新興諸国を［01］勢力と呼ぶ。1954年，［02］会議にインド・インドネシア・セイロン・パキスタン・ビルマの5カ国が出席し，［03］戦争の早期解決などを宣言した。1954年の［04］会談では**平和五原則**が確認され，翌55年の［05］会議（**バンドン会議**）では**平和十原則**が採択された。1961年，ユーゴスラヴィアの［06］で開かれた［07］会議はエジプトの［08］やインドの［09］らの呼びかけで25カ国が参加した。
....

◎ 財政と貿易の［10］を抱えていたアメリカは1971年8月，**ニクソン大統領**が**ドル＝金の交換停止**を発表し，［11］が起こった。主要各国は1973年までに**変動相場制**に移行し［12］国際経済体制は崩壊した。1973年の第4次中東戦争において，［13］機構（**OAPEC**）は石油戦略を発動し，第1次［14］が起きた。［11］，［14］の影響で1975年以降，先進諸国は［15］会議（サミット）を毎年開催している。.........

◎ 核軍縮も進展し，1963年の［16］条約に続き，1968年には［17］条約（NPT）が調印された。1972年と79年の［18］ではミサイルの総数や運搬手段などに関して取り決めがなされた。1987年の［19］全廃条約で米・ソが初めて核兵器の削減に合意した。1991年と93年の［20］条約では核弾頭数の削減が決められた。1996年には国連総会で［21］禁止条約（CTBT）が採択され，あらゆる場所における核実験禁止が決められたがまだ批准をしていない国が多数ある。...

◎ 1985年に誕生したソ連の［22］政権は，改革を意味する［23］，情報公開を意味する［24］，外交政策として［25］を打ち出した。1989年には［26］の壁が開放され，アメリカの［27］大統領と［22］による［28］会談で［29］終結宣言が出された。1991年12月には［30］共同体（CIS）が創設され，ソ連は崩壊した。.........................

重要語句

01 第三
02 コロンボ
03 インドシナ
04 ネルー・周恩来
05 アジア＝アフリカ
06 ベオグラード
07 非同盟諸国首脳
08 ナセル
09 ネルー
10 「双子の赤字」
11 ドル＝ショック
12 ブレトン＝ウッズ
13 アラブ石油輸出国
14 石油危機
15 先進国首脳
16 部分的核実験禁止
17 核拡散防止
18 戦略兵器制限交渉（SALT）
19 中距離核戦力（IMF）
20 戦略兵器削減（START）
21 包括的核実験
22 ゴルバチョフ
23 ペレストロイカ
24 グラスノスチ
25 「新思考外交」
26 ベルリン
27 ブッシュ
28 マルタ
29 冷戦
30 独立国家

おもな動き	資本主義陣営	共産主義陣営
○1956～57　スエズ戦争 　　　　　（第2次中東戦争）		○1956.2　ソ連共産党第20回大会 　　　　　（フルシチョフの［スター 　　　　　リン批判］）
		○1956.4　［コミンフォルム］解散
		○1956.6　［ポーランド反政府反 　　　　　ソ暴動］
		○1956.10　［ハンガリー反ソ暴動］ 　　　　　（ポズナニ暴動）
○1959.1　［キューバ革命］		
○1960　［「アフリカの年」］		
○1961.8　［ベルリンの壁］構築		
○1961.9　［非同盟諸国首脳会議］		
○1962.10　［キューバ危機］		
○1963.8　［部分的核実験禁止条約］		
○1965頃～73　［ベトナム戦争］	○1966.7　フランスの［NATO］ 　　　　　脱退	○1966～77　［プロレタリア文化大 　　　　　革命］
	○1967.7　［ヨーロッパ共同体］ 　　　　　（EC）	
		○1968.1　「［プラハの春］」
		○1968.8　ソ連の［チェコスロ 　　　　　ヴァキア］軍事介入
		○1969.3～　中ソ国境紛争大規模化
○1969～72　［戦略兵器制限交渉］ 　　　　　（SALT I）		
○1973.1　［ベトナム和平協定］	○1973.1　拡大EC	
○1973.9　東西ドイツ，国連同時加盟		
	○1975　サミット第1回会談	
○1972～79.6　［戦略兵器制限交渉］ 　　　　　（SALT II）		○1979.2　中越戦争
		○1979～89　ソ連，［アフガニスタ 　　　　　ン］に軍事介入
○1989.11　［ベルリンの壁］開放		
○1989.12　［マルタ会談］ 　　　　　（冷戦終結宣言）		
○1990.10　［ドイツ統一］		
○1991.7　［戦略兵器削減条約］ 　　　　　（START I）		○1991　［コメコン］解消 　　　　　［ワルシャワ条約機 　　　　　構］解体
		○1991.12　［ソ連］消滅

73　戦後の南北アメリカ

🕐 | **5分で流れをチェック**

☑ | **重要語句**

🔵　1953年から大統領を務めた［ 01 ］は，国務長官の［ 02 ］が**「巻き返し政策」**と呼ばれる**対ソ強硬外交**を展開する中で，ソ連の［ 03 ］と会談するなど**デタント**の可能性も探った。43歳の若さで大統領になった［ 04 ］は1962年10月の［ 05 ］を乗り切り，［ 04 ］暗殺で副大統領から昇格した［ 06 ］大統領は**ベトナム戦争**に介入し，1964年には［ 07 ］法を成立させた。第37代大統領の［ 08 ］は1972年，［ 09 ］を訪問し，1973年，［ 10 ］和平協定でベトナム戦争を終わらせるなど，外交面で成果を出したが［ 11 ］事件が発覚して辞任した。第39代大統領の［ 12 ］は1978年，［ 13 ］合意を仲介するなど一連の人権外交を展開した。第40代大統領の［ 14 ］は国防強化・対ソ強硬姿勢を主張するなど［ 15 ］の構築に努めた。‥‥‥‥‥‥‥‥‥‥‥‥‥‥‥‥‥‥‥‥‥‥‥‥‥

🔵　1947年の［ 16 ］協定に基づいて1948年，［ 17 ］機構（**OAS**）が結成された。アメリカ主導による南北アメリカ21カ国の反共協力組織に対する反発からアルゼンチンでは［ 18 ］大統領が反米的・民族主義的な政策を行なった。しかし，軍部のクーデタで失脚・亡命した。［ 19 ］では左翼政権が成立したが，アメリカ支援の反革命軍の侵攻で倒された。ブラジルでも［ 20 ］大統領が民族主義的政策を行なった。キューバでは親米的な［ 21 ］独裁政権が［ 22 ］ら指導の武力解放闘争で倒され，［ 22 ］が首相に就任するという**キューバ革命**が起きた。アメリカはキューバと断交したため，［ 22 ］は［ 23 ］宣言を出した。チリでは世界で初めて民主的な選挙によって［ 23 ］政権が誕生し，［ 24 ］が大統領に就任したが，アメリカの支援を受けた軍部のクーデタによって［ 25 ］軍事政権が誕生した。アルゼンチンでは1976年から軍事政権となっていたが1982年の［ 26 ］戦争で［ 27 ］政権のイギリスに敗北し，民政に移行した。ニカラグアでは［ 28 ］独裁政権に対して［ 29 ］民族解放戦線による**ニカラグア革命**が起こり，同戦線の［ 30 ］大統領による左翼政権が誕生した。‥‥‥‥‥‥‥‥‥‥

01 アイゼンハワー
02 ダレス
03 フルシチョフ
04 ケネディ
05 キューバ危機
06 ジョンソン
07 公民権
08 ニクソン
09 中国
10 パリ（ベトナム）
11 ウォーターゲート
12 カーター
13 キャンプ=デーヴィッド（中東和平）
14 レーガン
15 「強いアメリカ」
16 リオ
17 米州
18 ペロン
19 グアテマラ
20 ヴァルガス
21 バティスタ
22 カストロ
23 社会主義
24 アジェンデ
25 ピノチェト
26 フォークランド
27 サッチャー
28 ソモサ
29 サンディニスタ
30 オルテガ

第二次世界大戦後の主なアメリカ大統領のまとめ

大統領名	任期	出身政党	業績
［アイゼンハワー］	1953 ～ 61	共和党	○国務長官［ダレス］による「巻き返し政策」 ○「瀬戸際外交」と呼ばれる対ソ強硬外交 ○1953年［朝鮮休戦協定］成立 ○1955年　ジュネーヴ4巨頭会談に出席 ○1959年　ソ連の［フルシチョフ］と会談
［ケネディ］	1961 ～ 63 暗殺	民主党	○1962年［キューバ危機］ ○1963年［部分的核実験禁止条約］
［ジョンソン］	1963 ～ 69	民主党	○ケネディ暗殺で副大統領から昇格 ○ベトナム戦争に介入し，［北爆］開始 ○1964年［公民権法］
［ニクソン］	1969 ～ 74 辞任	共和党	○［ドル=ショック］ ○1972年　訪中し，米中共同声明で［中国］承認 ○1973年［ベトナム（パリ）和平協定］調印 ○［ウォーターゲート事件］の発覚で辞任
フォード	1974 ～ 77	共和党	○ニクソン辞任で副大統領から昇格。経済悪化
［カーター］	1977 ～ 81	民主党	○人権外交を展開したが充分な成果上がらず ○1978年［キャンプ=デーヴィッド合意（中東和平合意）］を仲介
［レーガン］	1981 ～ 89	共和党	○「［小さな政府］」で自由競争の推進と福祉の縮小 ○「［強いアメリカ］」で戦略防衛構想（SDI） ○「［双子の赤字］」で財政と貿易赤字が拡大
［ブッシュ（父）］	1989 ～ 93	共和党	○1989年　ソ連のゴルバチョフとの［マルタ会談］で［冷戦］終結宣言 ○1991年［湾岸戦争］
［クリントン］	1993 ～ 2001	民主党	○1993年［パレスチナ暫定自治協定］調印の仲介 ○1999年　パナマ運河返還 ○財政赤字の解消と経済の好調
［ブッシュ（子）］	2001 ～ 09	共和党	○2001年9月11日　同時多発テロ事件 ○2001年10月　アフガニスタン攻撃 ○2003年［イラク戦争］ ○2008年　リーマン=ショック
［バラク=オバマ］	2009 ～ 17	民主党	○2010年［イラク］から撤兵を発表 ○2016年［広島］訪問

⏱ 5分で流れをチェック

◉ イギリスでは労働党の［01］内閣が**重要産業の国有化**と［02］と呼ばれる**社会福祉制度**の充実を行ない，1947年には［03］の独立，1949年には［04］共和国の独立を承認した。イギリスはEECに対抗して1960年に［05］（EFTA）を結成した。1979年に首相になった［06］はイギリス初の女性首相で**福祉の縮小**による財政再建，**国営企業の民営化**を断行し，［07］戦争でアルゼンチンに勝利し，中国の［08］と［09］返還に合意した。労働党の［10］首相は1998年，**北アイルランド和平合意**に調印した。

◉ 戦後のフランスは［11］による臨時政府にかわって**第四共和政**が発足したが，インドシナ・［12］などの独立問題に対応できず，崩壊した。**第五共和政**の初代大統領になった［11］は1960年［13］を保有し，1962年の［14］協定で［12］の独立を承認し，1964年には［15］を承認し，1966年には［16］の軍事機構から脱退した。このように独自の外交を展開しつつ，1968年の［17］に対しては総選挙で危機を切り抜けたが，翌69年に大統領を辞任した。［18］大統領はフランス第五共和政で初めての**社会党**出身の大統領で14年間の長期政権を維持した。

◉ 戦後の西ドイツはキリスト教民主同盟出身で初代西ドイツ首相の［19］の指導によって，［20］と呼ばれる高い経済成長を実現し，1954年の［21］協定で主権を回復し，55年に［16］に加盟し，［22］と国交回復し，58年に［23］に加盟し，西側諸国の一員としての立場を築いた。1969年に首相に就任したドイツ社会民主党の［24］は東欧諸国との関係改善をはかる［25］を展開した。その結果，1972年に［26］条約が締結され，1973年には東西ドイツ［27］同時加盟を実現した。1982年に西ドイツ首相に就任した**キリスト教民主同盟**の［28］は1990年，［29］を達成し，そのまま**統一ドイツ**の首相となった。2005年にはキリスト教民主同盟の［30］を首相とする大連立政権が誕生した。

✅ 重要語句

01 アトリー
02 「ゆりかごから墓場まで」
03 インド
04 アイルランド
05 ヨーロッパ自由貿易連合
06 サッチャー
07 フォークランド
08 鄧小平
09 香港
10 ブレア
11 ド＝ゴール
12 アルジェリア
13 核
14 エヴィアン
15 中国
16 NATO（北大西洋条約機構）
17 五月危機
18 ミッテラン
19 アデナウアー
20 「経済の奇跡」
21 パリ
22 ソ連
23 EEC（ヨーロッパ経済共同体）
24 ブラント
25 「東方外交」
26 東西ドイツ基本
27 国連
28 コール
29 ドイツ統一
30 メルケル

第二次世界大戦後のイギリス・フランス・ドイツの動きまとめ

イギリス	フランス	西ドイツ ➡ ドイツ
○ ［アトリー］労働党内閣	○ 第四共和政	○ ［アデナウアー］首相 （キリスト教民主同盟）
○ ［重要産業国有化］		○ 「［奇跡の経済復興］」
○ ［社会福祉制度］の充実		○ 1954年［パリ協定］で主権 回復
○ ［インド］と［アイルランド］ の独立承認		○ 1955年［NATO］（［北大西 洋条約機構］）加盟
	○ 第五共和政	○ 1958年 EEC 加盟。
	○ ［ド=ゴール］大統領	
○ 1960年［ヨーロッパ自由貿 易連合］（EFTA）	○ 1962年［エヴィアン協定］ でアルジェリア独立承認。	
	○ 1966年［NATO］軍事機構 から脱退。	
	○ 1968年［五月危機］	
	○ 1969年［ド=ゴール］退陣	○ ［ブラント］首相 （ドイツ社会民主党） 「［東方外交］」
		○ 1972年［東西ドイツ基本条 約］
○ 1973年［EC］（ヨーロッパ共 同体）加盟		○ 1973年［東西ドイツ］国連 同時加盟
○ ［サッチャー］首相（保守党）	○ ミッテラン大統領（社会党）	○ ［コール］首相 （キリスト教民主同盟）
○ 1982年［フォークランド］戦 争		
○ 1984年［香港］返還協定		○ 1990年［東西ドイツ統一］
○ ［ブレア］首相（労働党）		
○ 1998年［北アイルランド］ 和平合意		

5分で流れをチェック

重要語句

ソ連は1930年代初めから［01］の独裁が続いていた。<u>ア
メリカの**マーシャル=プラン**に対抗してソ連は1947年に［02］
を，1949年に［03］を結成した。1949年に中華人民共和
国が建国すると翌50年に［04］条約を結んで結束を固めた。</u>
東欧ではソ連の衛星国として8カ国が建国したが，ユーゴス
ラヴィアの［05］政権は**独自の社会主義路線**を展開したため，
1948年，［02］から除名された。1953年，［01］が死去す
るとソ連は**集団指導体制**となり，**ジュネーヴ4巨頭会談**には
［06］首相が出席した。一方でソ連は**NATO**（北大西洋条
約機構）に対抗して［07］条約機構を結成した。……………

［08］第20回大会において［09］は［01］批判と［10］
政策を発表した。これに対して中国との間で［11］が激化し
た。東欧では［12］で**反政府反ソ暴動**（ポズナニ暴動）が
起きたが，政府がソ連軍の介入を恐れ，自らこれを鎮圧した。
一方，ハンガリー**反ソ暴動**では首相の［13］が［07］条約
機構脱退を表明したため，ソ連軍の全面介入で失脚した。
1964年，［09］が解任されるとソ連では［14］政権が誕生し，
［15］が首相になった。チェコスロヴァキアでは［16］と呼ば
れた自由化運動が［17］政権の下で進められたが，［07］
条約機構軍の介入で弾圧された。…………………………………

1985年，ソ連に［18］政権が誕生すると［19］と呼ばれ
る改革を始めた。さらに［20］原子力発電所事故をきっかけ
に［21］と呼ばれる情報公開も進めた。外交面では［22］
を展開し，短期間で［23］との和解，［24］からの撤退など
を進めた。<u>1988年の［25］宣言で［18］は社会主義国に
対するソ連の指導性を否定したため，翌年の東欧革命につ
ながった。</u>東ドイツでは1989年11月，［26］が開放され，ド
イツは統一された。ポーランドでは1989年自主管理労組
［27］が政権を獲得し，［28］が大統領に就任した。ルーマ
ニアでは大統領の［29］が処刑された。［18］の改革に反
対して［30］派クーデタが起きたが失敗し，［08］は解散し，
ソ連は崩壊した。………………………………………………………

01	スターリン
02	コミンフォルム （共産党情報局）
03	経済相互援助 会議（コメコン）
04	中ソ友好同盟相 互援助
05	ティトー
06	ブルガーニン
07	ワルシャワ
08	ソ連共産党
09	フルシチョフ
10	平和共存
11	中ソ論争
12	ポーランド
13	ナジ=イムレ
14	ブレジネフ
15	コスイギン
16	「プラハの春」
17	ドプチェク
18	ゴルバチョフ
19	ペレストロイカ
20	チェルノブイリ
21	グラスノスチ
22	「新思考外交」
23	中国
24	アフガニスタン
25	新ベオグラード
26	ベルリンの壁
27	「連帯」
28	ワレサ
29	チャウシェスク
30	保守

🏳️ 第二次世界大戦後のソ連と東ヨーロッパの動きまとめ

ソ連	東ヨーロッパ諸国
[スターリン] 独裁政権 （1930年代初め～その死の53年まで）	ソ連の衛星国8か国（チェコスロヴァキア・ポーランド・ハンガリー・ブルガリア・アルバニア・ユーゴスラヴィア・ルーマニア・東ドイツ）
○ 1947年 [コミンフォルム] 結成	○ 1948年 [チェコスロヴァキア]，クーデタ
	○ 1948年　コミンフォルムが [ユーゴスラヴィア] を除名
1949年，[コメコン]（経済相互援助会議）結成	
○ 1950年 [中ソ友好同盟相互援助条約]	○ 1949年　ドイツ民主共和国成立
○ 1953年 [スターリン] の死 ➡ 集団指導体制 　　　マレンコフ首相（任1953～55） 　　　ブルガーニン首相（任1955～58）	
○ [フルシチョフ] 政権　党第一書記（任1953～64）・首相（任58～64）	
1955年，[ワルシャワ条約機構]（東ヨーロッパ相互援助条約）調印	
○ 1956年　ソ連共産党第20回大会 　　　　（[スターリン批判] と [平和共存政策]）	○ 1956年 [ポーランド反政府反ソ暴動]
○ 1956年 [コミンフォルム] 解散	○ 1956年 [ハンガリー反ソ暴動]
○ 1959年 [フルシチョフ] 訪米 ➡ [アイゼンハワー] と会談	
○ 1969年　中ソ技術協定破棄	
○ 1960年　U2型機事件 ➡ 米ソ関係悪化	○ 1961年　東ドイツが [ベルリンの壁] 構築
○ 1962年 [キューバ危機]	
○ 1963年 [部分的核実験禁止条約]	
○ 1964年 [フルシチョフ] 突然の解任 　　　[ブレジネフ] 政権（1964～82） 　　　[コスイギン] 首相（任1964～80）	
○ 1968年　ソ連（ワルシャワ条約機構軍）のチェコ軍事介入	○ 1968年「[プラハの春]」
	○ 1972年 [東西ドイツ基本条約]
○ 1979年 [アフガニスタン] に軍事介入 　　　アンドロポフ政権（1982～84） 　　　チェルネンコ政権（1984～85） 　　　[ゴルバチョフ] 政権（1985～91） 　　　[ペレストロイカ・グラスノスチ・「新思考外交」]	○ 1973年 [東西ドイツ] 国連同時加盟
	○ 1980年　ポーランドに自主管理労組「[連帯]」発足
○ 1988年 [新ベオグラード宣言] 　➡ ソ連の指導性を否定	○ 1989年　東ヨーロッパ社会主義圏の崩壊始まる
○ 1988年 [アフガニスタン] からの撤退開始	○ 1990年 [東西ドイツ統一]
1991年，[コメコン・ワルシャワ条約機構の解消]	
○ 1991年 [ソ連崩壊]	○ 1991年 [ユーゴスラヴィア] 内戦開始

5分で流れをチェック

◉ 1957年，第二次世界大戦後のサハラ以南で最初の独立国家が [01] で，初代大統領に [02] が就任した。翌58年には [03] を初代大統領にしてギニアが独立した。1960年にはアフリカ17カ国が独立し，この年を [04] という。フランスの植民地であったアルジェリアでは1954年，[05] が結成され，**アルジェリア戦争**が続いたが，1962年の [06] 協定でアルジェリアは独立した。1963年にはアフリカの30カ国がエチオピアの首都 [07] に集まりアフリカ諸国首脳会議を開催し [08] が設立された。2002年には [09] に改組された。……………………………………………………

◉ コンゴはコンゴ共和国として [10] から独立したが，直後から内乱が発生し，初代首相 [11] も殺害された。[10] が鉱物資源の宝庫であった [12] 州の分離独立を支援したのが**コンゴ動乱**の原因であった。1965年，親米派軍人の [13] がクーデタで大統領に就任して動乱は終わった。ナイジェリアでは東部のイボ族が [14] 共和国を樹立して分離独立を宣言し，**ナイジェリア内戦**（[14] 戦争）が勃発した。結果，イギリスと [15] が政府を支援することで [14] 戦争は終結した。ポルトガル民主化の結果，成立した新政権が植民地解放を宣言したため，アフリカのインド洋岸に [16] が，大西洋岸に [17] が独立した。エチオピアでは [18] 皇帝が独裁を強化していたが，1974年の革命で軍が蜂起し，皇帝の専制政治を打倒した。1977年にはエチオピアの [19] 州の分離独立を隣国 [20] が支援してエチオピアに侵入し [21] 戦争が勃発した。………………………………

◉ 1991年，南アフリカでは [22] 大統領が [23] の法的撤廃を断行し，1994年には黒人解放運動家の [24] が大統領になった。ルワンダでは [25] 人が結成した**ルワンダ愛国戦線**と [26] 人中心のルワンダ政府の内戦が発生した。2010年，チュニジアで反政府暴動によって [27] 政権が崩壊したことをきっかけに [28] 革命が始まり，2011年にはエジプトの [29] 政権，リビアの [30] 政権が崩壊した。………

重要語句

01 ガーナ
02 エンクルマ（ンクルマ）
03 セク=トゥーレ
04 「アフリカの年」
05 民族解放戦線（FLN）
06 エヴィアン
07 アジスアベバ
08 アフリカ統一機構（OAU）
09 アフリカ連合（AU）
10 ベルギー
11 ルムンバ
12 カタンガ
13 モブツ
14 ビアフラ
15 ソ連
16 モザンビーク
17 アンゴラ
18 ハイレ=セラシエ
19 オガデン
20 ソマリア
21 エチオピア=ソマリア
22 デクラーク
23 アパルトヘイト
24 マンデラ
25 ツチ
26 フツ
27 ベン=アリ
28 ジャスミン
29 ムバラク
30 カダフィ

西サハラ
モロッコ
チュニジア
アルジェリア
リビア
エジプト
セネガル
モーリタニア
マリ
ニジェール
チャド
スーダン
エリトリア
ジブチ
ガンビア
ギニア
ナイジェリア
南スーダン
[エチオピア]
[ソマリア]
ギニアビサウ
シエラレオネ
リベリア
コートジボワール
ブルキナファソ
[ガーナ]
トーゴ
ベナン
カメルーン
中央アフリカ
ウガンダ
ケニア
ルワンダ
セイシェル
ガボン
コンゴ(民)
ブルンジ
タンザニア
赤道ギニア
コンゴ(共)
マラウイ
コモロ
サントメ=
プリンシペ
[アンゴラ]
ザンビア
[モザンビーク]
マダガスカル
モーリシャス
ナミビア
ジンバブエ
ボツワナ
スワジランド
南アフリカ
共和国
レソト

■ 第二次世界大戦前の独立国
■ 1946〜59年の独立国
■ 1960年の独立国
■ 1961年以降の独立国

▲エンクルマ

（AP／アフロ）

▲拘束されたルムンバ

5分で流れをチェック

◉ 1947年，国連の［01］案決議を受けて，48年，**イスラエルが建国宣言**をすると，これを認めないアラブ諸国との間で［02］戦争が起きた。アラブ側は大敗し，［02］難民が発生することになった。［03］朝のイランではイギリス系資本の［04］石油会社がイランの石油を独占していたが，［05］首相は1951年，［06］を宣言した。しかし，［07］派のクーデタで［05］政権は打倒された。その後，国王［08］が進めた**近代化・西欧化政策**を［09］革命という。エジプトでは1952年，［10］を団長とする**自由将校団**のクーデタで**エジプト革命**が起こり，**エジプト共和国**が成立した。［11］首相は1956年，［12］運河国有化宣言を出したが，これに対してイギリス，フランスが［13］と共同出兵して［12］戦争が勃発した。……………………

◉ 1964年，［02］難民が結成した反イスラエル武装組織が［14］で1969年に議長に［15］が就任した。1967年，イスラエルによる奇襲で**第3次中東戦争**が勃発し，イスラエルはエジプトの［16］地区と［17］半島，ヨルダンの**ヨルダン川西岸地区**，シリアの［18］高原を占領した。1973年，エジプト，シリアがイスラエルに先制して**第4次中東戦争**が勃発したが，その際に［19］機構（OAPEC）は**石油戦略**を発動し，その結果，第1次［20］が発生した。1978年には［21］合意がなされ，アメリカ大統領［22］の仲介でイスラエルの［23］首相とエジプトの［24］大統領が和平に合意した。翌79年には［25］平和条約が結ばれ，エジプトがアラブ諸国で初めてイスラエルを承認し，イスラエルは［17］半島をエジプトに返還した。1993年には［26］協定が結ばれ，アメリカの［27］大統領の仲介でイスラエルの［28］首相と［14］の［15］議長がイスラエル占領地における［02］人の暫定自治を認める協定に調印した。1994年には［26］政府が成立し，［16］地区と**ヨルダン川西岸地区**の［29］で先行自治が開始された。1979年，イランでは［30］指導のイラン革命が起こり**イラン＝イスラーム共和国**が成立した。……………

☑ 重要語句

01 パレスチナ分割
02 パレスチナ
03 パフレヴィー
04 アングロ＝イラニアン
05 モサデグ
06 石油国有化
07 国王
08 パフレヴィー2世
09 白色
10 ナギブ
11 ナセル
12 スエズ
13 イスラエル
14 パレスチナ解放機構
15 アラファト
16 ガザ
17 シナイ
18 ゴラン
19 アラブ石油輸出国
20 石油危機
21 キャンプ＝デーヴィッド（中東和平）
22 カーター
23 ベギン
24 サダト
25 エジプト＝イスラエル
26 パレスチナ暫定自治
27 クリントン
28 ラビン
29 イェリコ
30 ホメイニ

パレスティナ分割案MAP

- 国連の分割案（1947年）によるイスラエル領
- アラブ人国家
- 国連管理地域
- イギリス委任統治下のパレスチナ境界線

ベイルート
レバノン
シリア
ダマスクス
地中海
ヨルダン川
テルアヴィヴ　アンマン
イェリコ
ポートサイド
［ガザ］
イェルサレム
スエズ運河
ヨルダン
スエズ
［シナイ半島］
アカバ
エジプト
サウジアラビア
紅海

第1次中東戦争MAP

- 国連の分割案（1947年）によるイスラエル領
- 第1次中東戦争でのイスラエル占領地
- エジプトまたはヨルダンの獲得地
- 国連管理地域

ベイルート
レバノン
シリア
ダマスクス
地中海
［ヨルダン川西岸地区］
テルアヴィヴ　アンマン
イェリコ
ポートサイド
［ガザ］
イェルサレム
ヨルダン
［シナイ半島］
アカバ
エジプト
サウジアラビア
紅海

第3次中東戦争MAP

- 国連の分割案（1947年）によるイスラエル領
- 第1次中東戦争でのイスラエル占領地
- 第3次中東戦争でのイスラエル占領地　1982年にエジプトに帰還
- 1994年パレスチナ暫定自治政府

ベイルート
レバノン
シリア
ダマスクス
［ゴラン高原］
地中海
［ヨルダン川西岸地区］
テルアヴィヴ　アンマン
イェリコ
［ガザ］
イェルサレム
ポートサイド
スエズ運河
ヨルダン
スエズ
［シナイ半島］
アカバ
エジプト
サウジアラビア
紅海

▲キャンプ=デーヴィッド（中東和平）合意（1978年）
左からサダト大統領，カーター大統領，ベギン首相

▲パレスチナ暫定自治協定（1993年）
左からラビン首相，クリントン大統領，アラファト議長

78 戦後の南アジア・東南アジア

🕐 | 5分で流れをチェック

☑ | 重要語句

◉ 1947年，労働党の［01］内閣提案の**インド独立法**によってインドは**インド連邦**として独立し，初代首相に［02］が就任した。1948年には［03］が暗殺され，1950年の**インド憲法**施行によって**インド共和国**が成立した。パキスタンはインドと分離して独立し［04］が初代総督に就任した。セイロンも1948年にイギリスから独立したが，世界初の女性首相［05］は1972年に国名を［06］と改称した。インドとパキスタンは［07］帰属問題から3回にわたって［08］戦争を行ったが，3回目の戦争では東パキスタンが［09］として独立した。……

◉ ベトナムでは［10］の指導で1941年に［11］が結成されており，1945年，ハノイで［12］の独立が宣言された。フランスはこれを認めず［13］戦争が勃発した。フランスはベトナム南部に［14］を主席として［15］国を樹立して対抗した。1954年，［16］でフランス軍は大敗し，同年調印された［17］休戦協定で［18］の**ベン＝ハイ川**を暫定軍事境界線とし，南北統一選挙を行うことが決定された。フランスの撤退後，アメリカの支援を受けた［19］が［17］休戦協定を無視して［14］を追放して［20］を樹立した。これに対して［21］が結成され，［12］と連携してゲリラ活動を展開した。アメリカは［21］への［12］からの支援を断つ目的でベトナム北部への大規模な爆撃を開始し［22］戦争が本格化した。1968年1月の［23］攻勢で［21］が大攻勢に出て各地で米軍を撃破したため，アメリカは1973年，［22］和平協定を結んで撤退した。1975年には［20］の首都［24］が陥落してベトナムは統一され［25］を首都とする［26］が成立した。1978年にはベトナム軍は［27］に侵攻し，親ベトナムの［28］を元首とする**カンボジア人民共和国**を成立させた。これが原因で中国との間で［29］戦争が起きたが，ベトナム軍は中国軍を撃退した。1986年からベトナムは［30］という**改革・開放政策**を行っている。……

01 アトリー
02 ネルー
03 ガンディー
04 ジンナー
05 バンダラナイケ
06 スリランカ
07 カシミール
08 インド＝パキスタン
09 バングラデシュ
10 ホー＝チ＝ミン
11 ベトナム独立同盟
12 ベトナム民主共和国
13 インドシナ
14 バオダイ
15 ベトナム
16 ディエンビエンフー
17 ジュネーヴ
18 北緯17度線
19 ゴ＝ディン＝ジエム
20 ベトナム共和国
21 南ベトナム解放民族戦線
22 ベトナム
23 テト
24 サイゴン
25 ハノイ
26 ベトナム社会主義共和国
27 カンボジア
28 ヘン＝サムリン
29 中越
30 ドイモイ

📖 │ 第二次世界大戦後の東南アジア（インドシナ戦争～ベトナム戦争）

年	おもな動き
1941年	○ベトナム独立同盟（ベトミン）結成 ——［ベトナム独立のための民族統一戦線のことで，［ホー＝チ＝ミン］が指導。
1945年	○ハノイで［ベトナム民主共和国］が独立宣言
1949年	○フランスが［ベトナム国］樹立。主席バオダイ
1946年	○［インドシナ戦争］ ［ベトナム民主共和国］◄————► ［ベトナム国］————［フランス］
1954年	○［ディエンビエンフー］でフランス軍大敗　　支援
1954年	○［ジュネーヴ休戦協定］で［北緯17度線］付近のベン＝ハイ川を暫定軍事境界線とし，南北統一選挙を行うことを決定
1955年10月	○［ゴ＝ディン＝ジエム］首相がジュネーヴ休戦協定を無視し，バオダイを追放して［ベトナム共和国］樹立。［ゴ＝ディン＝ジエム］は初代大統領（任1955～63暗殺）に就任。［アメリカ］の支援を受ける
1960年12月	○［南ベトナム解放民族戦線］結成。アメリカの干渉と腐敗した親米［ゴ＝ディン＝ジエム］政権を打倒するために結成された組織。ベトナム民主共和国と連携
1965年	○［ベトナム戦争］
1965年	○アメリカのジョンソン大統領が解放民族戦線への北ベトナムの支援を絶つ目的で大規模な［北爆］を開始（米軍側は一応防衛に成功）
1968年1月	○テト攻勢…テト（ベトナムの旧正月）に解放民族戦線が大攻勢に出て，米軍・南ベトナム政府軍を各地で撃破
1968年5月～73年1月	○［パリ和平会談］
1973年1月	○［ベトナム（パリ）和平協定］…アメリカ軍，ベトナムより撤退
1975年4月	○サイゴン攻略…南ベトナム政府壊滅
1976年	○［ベトナム社会主義共和国］成立　　首都…［ハノイ］

📖 │ ベトナム戦争の構図

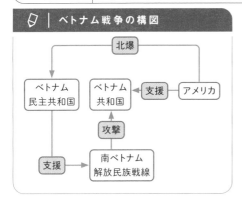

🔍 │ ベトナム戦争MAP

■ 南ベトナム解放民族戦線の勢力範囲の中心

79 戦後の中国と朝鮮半島

🕐 5分で流れをチェック

◎ 中国では**国民党**と**共産党**の内戦が再開され，敗北した国民党の［01］は［02］に逃れた。1949年10月1日，［03］が建国され，主席に［04］が，首相に［05］が就任した。［03］は国内では1950年に［06］法を公布し，大土地所有者から土地を没収し，農民の土地所有を進めた。1953年からは［07］に着手し，工業化と農業の**集団化**を進めた。対外的には1950年にソ連と［08］を結んだ。朝鮮半島では［09］を境に北をソ連軍，南をアメリカ軍が占領し，［10］を大統領に大韓民国が，［11］を首相に朝鮮民主主義人民共和国が建国された。1950〜53年の**朝鮮戦争**は1953年の［12］協定で南北の分断が固定化することになった。……………

◎ 中国では1958年から［13］をスローガンに［14］が開始された。農村で［13］実行のための農村共同体として［15］が組織されたが大失敗に終わり［04］は辞任した。代わって国家主席に就任した［16］は**調整政策**によってある程度の経済復興に成功した。これに対して［04］は［17］を動員して［16］や［18］を［19］派と批判して権力闘争を始めた。これを［20］と呼び，その結果，［16］と［18］は失脚した。大韓民国では軍部が政権を掌握し，大統領になった［21］は1965年，日本と［22］条約を結び，日本からの援助で経済発展に成功した。…………………………

◎ 1976年，［05］・［04］があいついで死去すると首相・党主席になった［23］は［20］推進派であった江青ら［24］を逮捕し，［20］を終了させた。その頃から［18］が復活して最大の実力者となり，党総書記になった［25］と続いて党総書記になった［26］は農業・工業・国防・科学技術の［27］を目標に［28］政策を推進した。その結果，1985年には［15］は解体された。社会主義を掲げながら実質的には自由企業と市場経済に移行する経済体制を［29］経済という。1997年には［30］が，1999年には**マカオ**が返還され一国二制度となった。朝鮮半島では1991年に**南北朝鮮国連同時加盟**を果たした。…………………

☑ 重要語句

01 蔣介石
02 台湾
03 中華人民共和国
04 毛沢東
05 周恩来
06 土地改革
07 第1次五カ年計画
08 中ソ友好同盟相互援助条約
09 北緯38度線
10 李承晩
11 金日成
12 朝鮮休戦
13 大躍進
14 第2次五カ年計画
15 人民公社
16 劉少奇
17 紅衛兵
18 鄧小平
19 実権（走資）
20 プロレタリア文化大革命
21 朴正熙
22 日韓基本
23 華国鋒
24 四人組
25 胡耀邦
26 趙紫陽
27 四つの現代化
28 改革・開放
29 社会主義市場
30 香港

中華人民共和国	大韓民国	朝鮮民主主義人民共和国
1945 ～ 49 [国共内戦]	アメリカ軍占領	ソ連軍占領
1949 [中華人民共和国] 建国	1948 [大韓民国] 建国	1948 [朝鮮民主主義人民共和国] 建国
	[李承晩] 大統領 (任1948 ～ 60)	[金日成] (首相:任1948～72)
1950　土地改革法		
1950 [中ソ友好同盟相互援助条約]		
1953　第1次五カ年計画	1950 ～ 53年，朝鮮戦争	
1958年～第2次五カ年計画 「[大躍進]」		
1958 ～ 59 [人民公社] 成立	[朴正熙] 大統領 (任1963～79暗殺)	
[劉少奇] 国家主席 (任1959 ～ 68)		
1966 ～ 77 [プロレタリア文化大革命]	1965 [日韓基本条約]	
1976 [周恩来]，[毛沢東] あいついで死去		1972 [金日成] 主席に就任
華国鋒 (首相:任1976 ～ 80, 中国共産党主席:任1976 ～ 81)		
1976　文化大革命推進派 (江青ら「四人組」) 逮捕	1979 [朴正熙] 暗殺	
1977 [プロレタリア文化大革命] の終了	1980 [光州事件]	
[鄧小平] 復活，最大の実力者となる	全斗煥大統領 (任1980 ～ 88)	
胡耀邦 (主席:任1981 ～ 82　総書記:任82 ～ 87)		
1985 [人民公社] 解体 ➡ [社会主義市場経済]		
趙紫陽 (総書記:任1987 ～ 89)	盧泰愚大統領 (任1988 ～ 93)	
1989 [ゴルバチョフ] 訪中 ➡ [天安門事件]	1991年，[南北朝鮮]，国連同時加盟	
江沢民 (総書記:任1989 ～ 2002, 主席:任1993 ～ 2003)		
1997 [鄧小平] 氏死去	金泳三大統領 (任1993 ～ 98)	1994 [金日成] 死去
1997 [香港] 返還	金大中大統領 (任1998 ～ 2003)	金正日 (朝鮮労働党総書記:任1997～2011)
1999 [マカオ] 返還		

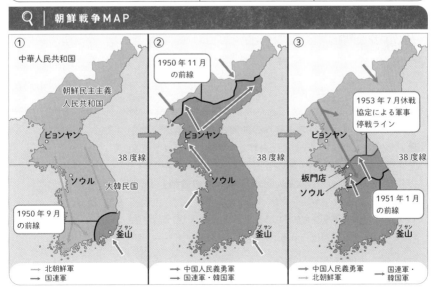

5分で流れをチェック

[01]は**相対性理論**を発表し，物理学に大きな変革をもたらした。1903年，アメリカの[02]兄弟は初飛行に成功した。初めての**人工衛星**は1957年，ソ連の[03]で，61年，ソ連の[04]1号で[05]が初めて**有人大気圏外飛行**に成功した。69年，アメリカの[06]11号が初めて**月面着陸**と帰還に成功した。自動車は1914年，アメリカの[07]が大量生産方式を開発した。1937年，アメリカの[08]は**ナイロンの工業化**に成功し，1928〜29年，イギリスの[09]は**ペニシリン**を発見した。……………………………………………

オーストリアの[10]は『**精神分析学入門**』で深層心理に注目した。フランスの[11]は『**野生の思考**』で構造人類学を創始し，ドイツの[12]は『**プロテスタンティズムの倫理と資本主義の精神**』で社会学を創始した。『**嘔吐**』の作者[13]は実存主義の代表である。ドイツの[14]は『**西洋の没落**』でヨーロッパ社会に大きな影響を与えた。イギリスの[15]は『**雇用・利子および貨幣の一般理論**』で[16]への道を開いた。文学の分野に『**異邦人**』『**ペスト**』を著した[17]，『**タイムマシン**』『**透明人間**』などのSF作家[18]，『**武器よさらば**』『**誰がために鐘は鳴る**』の作者[19]，『**変身**』の作者[20]，詩集『**ギーターンジャリ**』の作者[21]，『**狂人日記**』『**阿Q正伝**』の作者[22]などがいる。…………

絵画の傾向としては**マティス**や**ルオー**に代表される[23]派，**ピカソ**に代表される[24]派，**ダリ**に代表される[25]主義（シュールレアリスム）などがある。音楽ではフランスの[26]が代表作「**牧神の午後への前奏曲**」で印象派音楽を確立し，フランスの[27]は代表作「**ボレロ**」で印象派音楽を発展させた。他の印象派の音楽家としては「**ジムノペディ**」の作者[28]があげられる。映画としては「**白雪姫**」「**ピノキオ**」などの名作アニメーション映画を作った[29]，代表作「**独裁者**」「**モダン=タイムス**」などの映画俳優・監督・製作者[30]などがあげられる。……………………………

重要語句

01 アインシュタイン
02 ライト
03 スプートニク1号
04 ヴォストーク
05 ガガーリン
06 アポロ
07 フォード
08 カローザス
09 フレミング
10 フロイト
11 レヴィ=ストロース
12 マックス=ヴェーバー
13 サルトル
14 シュペングラー
15 ケインズ
16 修正資本主義
17 カミュ
18 ウェルズ
19 ヘミングウェー
20 カフカ
21 タゴール
22 魯迅
23 野獣
24 立体
25 超現実
26 ドビュッシー
27 ラヴェル
28 サティ
29 ディズニー
30 チャップリン

⬙ | 20世紀の文化まとめ

科学技術	物理学	○［アインシュタイン］（独 ➡ 米）ユダヤ人。1905年に特殊相対性理論を，15年に一般相対性理論を発表
	飛行機	○［ライト兄弟］（米）1903年，初飛行に成功
	宇宙開発	○人工衛星…1957年10月，ソ連の［スプートニク1号］が最初 ○有人宇宙船…1961年，ソ連のヴォストーク1号が［ガガーリン］の操縦で地球周回軌道を1周。初の有人大気圏外飛行 ○月面着陸…1969年7月，［アポロ11号］による初の人類月面着陸と帰還
	生産技術	○［フォード］（米）1914年，自動車の大量生産方式を開発
	合成繊維	○［カローザス］（米）1937年，ナイロンの工業化に成功
	抗生物質	○［フレミング］（英）1928〜29年，抗生物質のペニシリンを発見
哲学・思想・社会科学		○［フロイト］（オーストリア）主著『精神分析学入門』精神分析学を創始。無意識の世界を探究 ○［レヴィ=ストロース］（仏）文化人類学者。構造人類学を創始。主著『悲しき熱帯』『野生の思考』 ○［マックス=ヴェーバー］（独）社会学者・経済史学者。主著『プロテスタンティズムの倫理と資本主義の精神』 ○［サルトル］（仏）実存主義の代表者。文学者。主著『存在と無』『嘔吐』 ○［シュペングラー］（独）『西洋の没落』西欧のキリスト教文化の終末を説く ○［ケインズ］（英）『雇用・利子および貨幣の一般理論』で修正資本主義への道を開く
文学		○［カミュ］（仏）『異邦人』，『ペスト』 ○［ウェルズ］（英）SF小説『タイムマシン』『透明人間』 ○［ヘミングウェー］（米）『日はまた昇る』『武器よさらば』『誰がために鐘は鳴る』 ○［カフカ］（チェコ）『変身』 ○［タゴール］（印）詩集『ギーターンジャリ』 ○［魯迅］（中）『狂人日記』，『阿Q正伝』
絵画		○野獣派…［フォーヴィズム］。単純化されたフォルムと鮮明な原色による大胆な描写が特徴。マティス，ルオーなど ○立体派…［キュビズム］。ピカソ，ブラックの指導下にフランスを中心におこった芸術運動 ○超現実主義…［シュールレアリスム］。夢や潜在意識下にある精神内部を，一切の先入観にとらわれず表現することを主眼とした。ダリが代表
音楽		○［ドビュッシー］（仏）印象派音楽を確立。作品「牧神の午後への前奏曲」 ○［ラヴェル］（仏）印象主義音楽の代表。作品「ボレロ」 ○［サティ］（仏）代表作「ジムノペディ」
映画		○［ディズニー］（米）映画制作者。「白雪姫」「ピノキオ」などの名作アニメーション映画をつくり，ディズニーランドを創設 ○［チャップリン］（英生まれ）映画俳優・監督。代表作「独裁者」「モダン=タイムス」など

MY MEMO

KEYWORD
自分がまちがえやすい用語をメモしておこう！

さくいん

185

187

188

最速で覚える世界史用語

Staff

著　者	市川賢司
装丁・本文デザイン	三森健太（JUNGLE）
企画編集	八巻明日香
編集協力	高木直子
校正・校閲	高木直子　株式会社オルタナプロ　林良育
	中川原忠重　吉沢良子
図版・イラスト作成	株式会社四国写研
データ作成	株式会社四国写研
印刷所	株式会社リーブルテック